Publié par l'auteur via Amazon Kindle Direct Publishing (KDP)

Visuel de couverture : Mateo Genevay

Visuels intérieurs : Ottou Ottou

Dépôt légal : avril 2026

EAN : 9791098406904

OTTOU OTTOU

PROSOPOPÉES
QUAND LES CRÂNES PARLENT

NOTE AUX LECTEURS

Ce livre est un roman conceptuel.

Il se présente également comme un livre-objet, situé à la frontière de la fiction, de la mémoire, de l'histoire et du musée.

AVERTISSEMENT

Les personnages et certains événements historiques évoqués dans ce roman relèvent en partie de la fiction.

Aucune personne ou institution n'est visée.

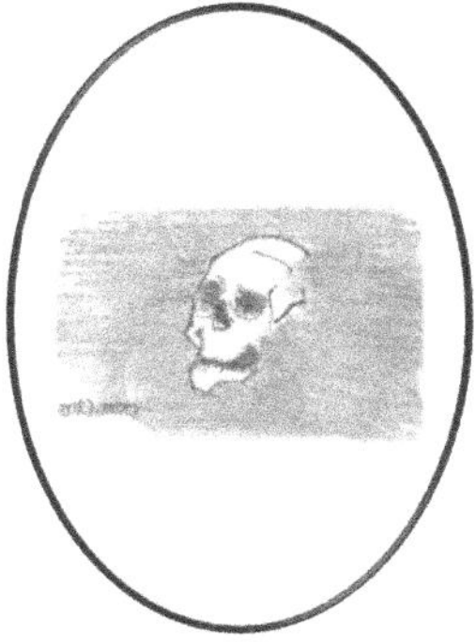

I - RÉVEIL

***L**a première sensation qui traversa Hans Bauer fut une colère sourde.

La seconde fut le vide.

Il n'avait plus de corps. Plus de souffle. Plus de cœur.

Seulement l'obscurité.

Et autour de lui, une odeur âcre de poussière froide.

Alors une voix, belliqueuse et prête à en découdre, jaillit de lui :

— Qui a osé troubler mon repos ?

L'écho rebondit sur les parois métalliques. Entre les étagères s'alignaient des dizaines… non, des centaines de crânes. Certains jaunis par le temps, d'autres déformés par les cicatrices de la terre qui les avait retenus si longtemps.

Un silence suivit.

Puis un autre crâne répondit, d'un ton tranquille, presque amusé.

— Voilà un réveil en fanfare.

La voix poursuivit :

— Et manifestement, tu ignores où tu te trouves.

Cette remarque ralluma la colère de Hans.

— Montrez-vous ! Qui parle ? Qui a osé troubler mon repos ?

J'exige que cet affront soit expliqué.

Un rire sec résonna.

— Tu n'as pas encore compris ? Un crâne n'est plus personne.

Tu ne peux plus agir. Tes menaces n'ont aucun poids ici.

Un frisson parcourut Hans. Peu à peu, il comprit que dans l'ombre diffuse qui l'entourait, il n'y avait rien d'autre que des crânes.

Et l'un d'eux… était le sien.

Le silence s'étira.

— Ce que je sais, finit-il par dire, c'est que je n'ai jamais demandé à être réveillé. Alors je veux savoir qui a osé le faire.

— Et que comptes-tu faire ? L'attaquer ? demanda la voix.

Avec quoi, exactement ?

— Avec tout ce que j'ai été ! J'ai servi dans la Bundeswehr… je suis un soldat allemand.

— Non… tu es autre chose.

— Bauer. Hans Bauer. Voilà mon nom. Et cela devrait suffire.

Un autre rire bref claqua dans la pénombre.

— Tu crois vraiment que ce nom signifie encore quelque chose ici ? Moi, autrefois, je m'appelais Onambele Nkou. Mais cela n'a plus d'importance.

Nous ne sommes plus que des crânes. Voilà la seule vérité qui subsiste.

Un court silence suivit.

— Maintenant que tu es réveillé, poursuivit-il, tu découvres ce que nous sommes devenus depuis longtemps. Un crâne habité. Une curiosité. Ni blanc, ni noir. Juste un crâne.

Le silence revint, nerveux. Puis Hans lança :

— Sommes-nous les seuls ? Y a-t-il d'autres crânes éveillés ?

— Inutile de crier. Personne ne peut t'entendre… sauf nous. Et oui, il y en a d'autres. Des crânes venus d'ailleurs, souvent d'Afrique… comme moi.

Onambele marqua une pause, puis reprit d'une voix assombrie :

— On nous appelle les *Crânes Maka*. Des crânes de mort.

— Des crânes de mort ? Ne sommes-nous pas tous morts ?

— Si, bien sûr. Mais pas de la même manière. Nos vies, comme nos morts, n'ont pas suivi le même chemin. Nous, les crânes de mort, avons été décapités avant d'être arrachés aux terres africaines. Cette violence nous a maintenus vivants quelque part dans les replis de la mémoire du monde.

Le temps sembla passer.

— Avec les années, nous avons tiré quelque chose de cette attente. Une forme de science des crânes. Un savoir né de notre patience.

Hans laissa échapper un rire amer.

— Ainsi donc, ce sont maintenant les Noirs qui font la science ?

— Peut-être. Mais pour l'instant, nous ne sommes tous que des crânes entreposés dans des boîtes, exposés sur des étagères poussiéreuses d'un sous-sol oublié.

Hans changea de ton.

— Alors dis-moi : où sommes-nous ?

— Je ne peux pas encore te répondre. Il faut d'abord entendre d'autres souffles. Nous devons être nombreux. Des crânes habités capables d'écouter et de transmettre la vérité.

— Et si personne ne répond ?

— Alors tu découvriras peut-être la réponse dans un siècle.

— Je veux comprendre pourquoi j'ai été rappelé. Je dois retrouver la voie de mon destin… celle qui me mènera aux Champs-Élysées.

Un soupir moqueur s'éleva.

— Pour un crâne, tu nourris de grandes ambitions… et une bonne dose de prétention.

Il se tut un instant.

— Pourtant, tu n'étais peut-être pas si loin d'ici. Tu es le premier à t'être manifesté. Exactement neuf mois et neuf jours après le début de tout ceci.

— Qui a commencé ce rituel ?

— Je l'ignore encore. Mais une chose est sûre : l'enthousiasme des jeunes scientifiques joue en notre faveur. Tant qu'ils parleront de nous et nous feront parler, d'autres crânes pourront s'éveiller.

Hans redressa ce qui lui restait de fierté.

— Et les autres *Maka* ? Où sont-ils ?

— Ils sont là. Tu les as trouvés ici. Ils nous entendent.

Un silence passa encore.

— Nous ne sommes plus que des crânes, reprit-il. Et un crâne est une cavité vide.

Hans hésita.

— Je ne sais pas si je pourrai m'habituer à cela.

— Personne ne s'y habitue vraiment.

Hans laissa échapper un rire bref.

— Des crânes qui conversent dans un sous-sol. Des souffles qui brisent un silence vieux de décennies... voilà une situation absurde.

Sa voix se durcit.

— Je ne suis pas venu ici de mon plein gré. Et je refuse d'y rester.

— Nous le voulons tous, répondit doucement Onambele.

Puis Hans murmura :

— Qu'ai-je fait pour mériter ce sort ?

Onambele répondit calmement :

— L'Allemagne ? Un siècle a passé. Personne ne pense plus à toi.

Le crâne allemand demeura silencieux.

— Tant que ce nom existe, il reste un espoir.

— Un espoir de quoi ? demanda Onambele.

Un silence froid glissa dans la pièce.

— Mais nous sommes restés vivants autrement. Suspendus dans l'entre-deux des mondes.

Hans ne répondit pas.

Pour la première fois, aucun mot ne vint contredire son interlocuteur.

Il comprit alors qu'il n'était plus qu'un fantôme sans lieu ni époque.

Ces faits se déroulèrent le 13 juillet 2024, dans la salle des dépôts du sous-sol du musée scientifique *Unimuseum*, à Freiburg, en Allemagne.

Il était 00h11.

II - L'ÉVOCATION

Pour celles et ceux chargés d'en tracer le cadre, d'animer les lieux ou de convaincre les financeurs, les ateliers consacrés à la restitution du patrimoine africain dans les universités occidentales prenaient l'allure d'une évocation rituelle. Des moments vibrants où passé et présent se nouaient.

L'impulsion décisive survint en 2017, à la suite d'un discours présidentiel français prononcé au Burkina Faso.

À la demande du chef d'État — conviction sincère ou simple calcul politique — un rapport fut confié à deux spécialistes, l'une française, l'autre sénégalais. Leur conclusion trancha net : l'heure était venue de restituer à l'Afrique ce dont l'Histoire l'avait privée.

Partout en Europe surgirent alors des programmes animés d'un même souffle : retrouver l'origine d'objets arrachés à leur contexte, puis les restituer à leurs détenteurs légitimes.

Dans ce mouvement presque incantatoire, la ville de Freiburg s'engagea à son tour. L'initiative venait d'une jeune universitaire, entraînant derrière elle chercheurs et étudiants dans une entreprise où motivations profondes et ramifications invisibles se mêlaient étroitement.

Le docteur Marie-Vincent naquit à Zurich au début des années 1980.

Parents suisses, racines juives. Les grands-parents paternels échappèrent de peu à la furie des SS au milieu des années trente. Face aux dérives idéologiques infiltrant déjà la science allemande, l'exil s'imposa.

La famille trouva d'abord refuge en France, à Maisons-Alfort. L'ombre du régime de Vichy força bientôt un nouveau départ vers la Suisse. Là, générations successives — arrière-grands-parents, grands-parents, conjoints — acquirent réputation et estime dans les milieux intellectuels helvétiques.

Marie-Vincent aurait pu devenir un pur produit du système.

Son enfance porta pourtant la marque des peurs familiales et du poids d'un père exigeant. Héritage longtemps rejeté, à l'image d'une Suisse discrète, solide en apparence mais façonnée par compromis et silences — colonisation, esclavage, accommodements discrets.

Comme son père avant elle, la jeune femme gravit patiemment les échelons d'un monde mêlant admiration et répulsion. Une ambition persistante guidait ses pas : transformer ce système ou, du moins, y introduire davantage d'humanité.

Doctorat à l'université de Bâle. Première opportunité professionnelle en Allemagne voisine.

À Freiburg, dans le cadre d'un programme de coopération universitaire, Marie-Vincent débuta comme assistante de recherche au département d'anthropologie. Rigueur méthodologique, esprit critique aigu : son entourage remarqua vite sa manière singulière d'interroger la dimension éthique de chaque projet.

L'étude des objets ne suffisait pas. Derrière chaque pièce, elle cherchait une trace de présence.

Un an passa. Une équipe solide se forma autour d'elle. Ensemble, ils examinaient les blessures héritées de la colonisation — non-dits, douleurs enfouies, culpabilités silencieuses. Pour Marie-Vincent, un affrontement lucide avec l'histoire constituait la condition première d'une réconciliation véritable.

Les souvenirs d'enfance, marqués par des violences larvées, nourrissaient cette sensibilité. Sous couvert de traditions ou d'éducation, humiliations et brutalités avaient longtemps traversé son quotidien. L'adolescence lui permit d'en rompre l'emprise.

Au fil des mois, certains objets du musée *Unimuseum* révélèrent leur charge symbolique : crânes, fémurs, masques, fragments d'ossements soigneusement catalogués. Derrière la neutralité des inventaires apparaissait autre chose.

Des présences.

Les fiches de collection, registres et annotations composaient pour elle la cartographie d'un pillage méthodique, la trace persistante d'une mémoire fracturée.

Un soir, seule dans le sous-sol du dépôt, Marie-Vincent tomba sur un lot d'étiquettes anciennes.

« Collection Alexander Ecker — *Crânes Maka.*

Origine : Afrique de l'Ouest.

Collecte : 1915. »

Le nom la troubla. Une impression étrange s'imposa alors. Entre ces murs silencieux, quelque chose semblait attendre.

Peut-être pas un objet.

Plutôt une écoute.

Avec un frère médicalisé et des parents vieillissants, la Zurichoise avait jadis ressenti l'appel de l'ailleurs. L'Afrique noire devint pour elle à la fois refuge et quête intérieure.

Premier voyage au Bénin. Puis séjours répétés au Cameroun à partir des années 2000. Chaque départ élargissait son regard, enrichissait ses savoirs, forgeait une expérience nourrie de contrastes profonds.

Ces voyages laissèrent des souvenirs durables.

Ils révélèrent aussi la violence des affrontements entre Blancs et Noirs aux XIXe et XXe siècles. Une révélation portée ensuite comme un talisman mêlant gratitude et vigilance. Langue, corps, paysages : tout conservait l'empreinte des cicatrices coloniales.

Partout où elle passait, Marie-Vincent marquait les esprits.

Chercheuse engagée, souvent en avance sur son époque. Intelligence reconnue, beauté naturelle, présence magnétique : son charisme frappait immédiatement.

Dans la vie quotidienne, une obsession discrète guidait ses gestes : cocher toutes les cases attendues sans jamais s'y laisser enfermer.

Une révolte vive, presque viscérale, la poussa très tôt à interroger la place de la Suisse dans l'entreprise coloniale. Il suffisait d'entendre sa voix pour la comprendre.

Libre. Indépendante.

Une sorte de Jean Ziegler au féminin pour la génération montante.

À Bâle ou à Freiburg, ceux croisant cette jeune femme aux cheveux roux percevaient aussitôt sa singularité.

Port altier. Cou élancé. Pommettes hautes. Regard clair.

Une harmonie frappante.

Et pourtant, ce soir-là, dans la pénombre du sous-sol, une sensation inhabituelle la retint un instant devant les étagères.

Comme si les crânes alignés attendaient quelque chose.

Ou quelqu'un.

Après la chute d'Hitler, les survivants transmirent à leurs descendants des réflexes de survie : lire entre les lignes, cultiver l'excellence dans l'ombre. Marie-Vincent hérita de cet instinct. Une aptitude rare à évoluer dans les environnements les plus hostiles.

Mais l'héritage portait aussi ses zones d'ombre. Sa personnalité clivait. Certains traits dérangeaient.

Sa méfiance viscérale envers le mariage, son rejet du patriarcat traditionnel passaient souvent pour des positions radicales. Son regard sur l'Holocauste troublait également plus d'un interlocuteur. Juive par filiation, elle militait pour une lecture élargie de la *Shoa* : non pas une mémoire close, mais une lumière capable d'éclairer d'autres génocides occultés — notamment les massacres coloniaux commis dans plusieurs régions du Cameroun aux XIXe et XXe siècles.

« Mon intuition me souffle une chose simple : l'humanité forme une seule et même famille. Une autre incarnation pourrait très bien nous faire naître ailleurs, sous une autre couleur de peau », disait-elle volontiers.

Puis, avec cette ironie lucide héritée de ses ancêtres :

« Si renaissance il doit y avoir un jour, j'aimerais revenir au monde avec une peau noire. L'ordre actuel des dominations ne mérite pas l'éternité. »

De cette constellation intime — convictions, héritages, blessures anciennes — naquit le projet *Le silence des morts, la parole des vivants* : une série d'ateliers consacrés à la restitution, organisée à Freiburg durant l'été 2024.

Neuf mois d'entretiens précédèrent ces rencontres. Conversations menées entre Europe et Afrique, voix croisées, mémoires partagées. Chaque session dura le temps d'une neuvaine — hasard étrange, presque rituel.

À Freiburg, le lieu retenu portait lui aussi une charge symbolique.

Numéro 30 de la Bertoldstraße, à quelques pas de l'ancienne synagogue.

Une place lourde d'histoire. Là, Marie-Vincent installa son projet, comme guidée par une évidence muette.

Au centre, un monument discret repose à l'horizontale. L'eau s'en échappe encore aujourd'hui. Pour certains regards attentifs, ce filet évoque une perte irréparable : branche arrachée, membre brisé, corps blessé.

À cet endroit précis, au seuil de l'inhumanité de la Grande Guerre, Freiburg s'était laissé emporter par la folie hitlérienne plus d'un siècle auparavant.

Aujourd'hui, théâtre et bibliothèque font face à la place. Deux institutions dressées comme des témoins silencieux d'une mémoire toujours en travail.

Et dans les sous-sols du musée, à quelques rues de là, d'autres vestiges patientaient encore.

Alignés ou entassés dans l'ombre.

Muets.

En attente.

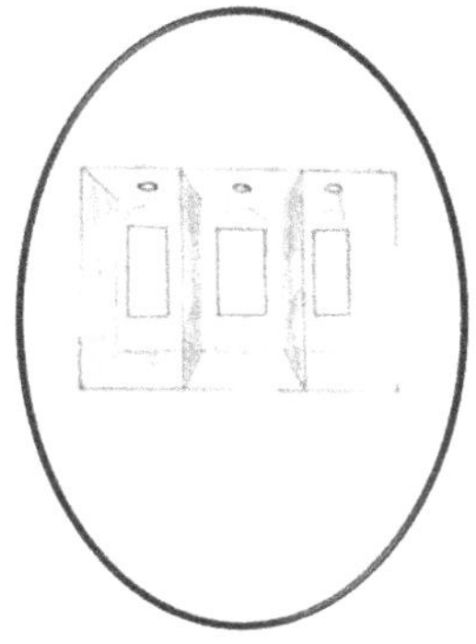

III - AU SILENCE DES MORTS, LA PAROLE DES VIVANTS

Avant d'atterrir dans les réserves du musée scientifique de Freiburg, la centaine de crânes de la collection Alexander Ecker — origines diverses, souvent incertaines — suivit un itinéraire digne d'un récit de Jules Verne, oscillant entre science, aventure et conquête coloniale.

Séparés de leurs corps, ces crânes devinrent successivement propriété de collectionneurs, puis de musées — véritables tombeaux modernes. Les restaurateurs veillaient à leur « bonne santé », comme pour préserver leur survie dans le silence.

Jusqu'en 2020 pourtant, malgré les progrès fulgurants des techniques d'analyse et de conservation, l'origine exacte de la plupart de ces restes demeura floue — parfois volontairement dissimulée.

C'est sous ce regard chargé d'histoire et d'indifférence que Marie-Vincent découvrit la collection.

Ces crânes ressemblaient à des convives gênants. Témoins lourds d'un culte particulier : celui d'une science élevée au rang de religion, prétendument infaillible.

Au fil du temps, sous couvert d'objectivité, cette science imposa une vision très particulière de l'humanité depuis ses laboratoires voués à la « vérité ».

Les premiers savants, sans doute animés d'idéaux humanistes, glissèrent peu à peu vers l'orgueil et le suprémacisme. Ce dévoiement du progrès finit par recevoir une forme de consécration sociale, presque sacrée.

Dans amphithéâtres et laboratoires, ces hommes enseignaient dignité, égalité, fraternité.

Dans les faits, ces principes restaient souvent lettre morte.

La science dite neutre devint un instrument politique puissant, socle idéologique du discours colonial.

Pour illustrer leurs théories, les expositions universelles — entre 1870 et 1931 — exhibèrent des Africains déracinés, figés dans des « villages nègres » : caricatures grotesques de leurs terres d'origine.

Les photographies en noir et blanc, puis en couleur, en gardent la trace. On y voit hommes et femmes contraints d'incarner l'Autre, les yeux agrandis par la stupeur, le regard perdu entre honte et sidération.

Marie-Vincent tenta souvent d'imaginer ces existences soudain transplantées dans ces spectacles exotiques.

Aux yeux du public européen, ces hommes différaient à peine d'animaux de zoo. Muets, étrangers aux langues environnantes, beaucoup durent ignorer les raisons de leur présence.

Exhibés.

Observés.

Disséqués.

La chercheuse s'interrogea longtemps sur les conditions de leur venue en Europe.

Consentement réel ?

Compréhension du rôle imposé ?

Dans leurs postures figées, elle devinait un mélange de peur, de stupeur et de colère rentrée.

Beaucoup participèrent à ces exhibitions sans saisir leur fonction dans la grande mécanique du racisme scientifique. Piégés malgré eux, ils contribuèrent à installer l'idée monstrueuse d'une humanité hiérarchisée — les Noirs relégués aux marges de l'espèce humaine.

À partir des expositions universelles de Paris (1889) et de Genève (1896), discours scientifiques et rhétoriques coloniales diffusèrent durablement les germes d'un racisme structuré.

Au sommet de l'échelle humaine trônait le Blanc caucasien. Tout en bas, les autres : peuples autochtones, populations africaines.

Selon cette science, certains traits — rousseur, peau sombre, cheveux crépus — devenaient signes d'infériorité génétique.

Marie-Vincent connaissait ces théories depuis l'adolescence. Leur absurdité la révoltait ; leur persistance l'inquiétait.

D'où un doute intime : cet engagement relevait-il d'une tentative d'apaiser ses propres combats intérieurs ? Ou d'un acte de foi envers une science enfin réconciliée avec l'humanité ?

Parmi les crânes conservés à Freiburg, ceux des *Maka* — souvent évoqués pendant les ateliers — constituaient la preuve matérielle de cette science raciale.

Disponibles.

Mesurables.

Réduits à des données.

Ils rappelaient l'époque où des savants, aveuglés par leur idéologie, concluaient à une parenté entre Noirs et bêtes, faute de correspondre au modèle blanc — donc humain.

Les célèbres « villages nègres », disséminés en France et en Suisse, contribuèrent ainsi à ancrer dans les mentalités ces étranges *Leçons sur l'homme*.

Avec l'aide de son assistant Richard et de cinq étudiants bénévoles, Marie-Vincent structura ses ateliers autour de deux axes : présence à soi et exploration précise de la mémoire coloniale.

Un fil d'Ariane fragile, mais nécessaire.

Au fil des jours, une évidence apparut : derrière la timidité des participants se dissimulait souvent une culpabilité mal formulée.

Non travaillée, cette culpabilité devenait stérile. Elle vidait les échanges de leur substance et empêchait l'expression d'un regard critique sur le passé.

Or les ateliers visaient précisément l'inverse : faire résonner la parole des vivants dans le silence des morts.

Dès lors, l'objectif devint clair : provoquer des échanges, susciter prises de conscience — même fugitives.

Un espace devait naître, capable d'accueillir arguments, émotions, contradictions.

Les organisateurs montrèrent l'exemple.

Présence ouverte. Sourire rassurant.

Sur l'esplanade de l'ancienne synagogue, les volontaires prirent place dans un parcours sensoriel conçu pour désarmer les défenses : chaise longue, casque audio, voix calme guidant l'exercice.

— Vous allez commencer un exercice somatique. Prenez conscience de votre corps, de vos émotions, de votre relation au monde. Une zone de connexion s'ouvre entre esprit, sensations et affects. Suivez simplement la voix dans votre casque pendant dix minutes.

— Merci, j'ai compris.

— Je vous en prie.

Casque posé, yeux fermés, chacun se laissait porter.

Respiration lente.

Attention au corps.

Écoute intérieure.

Puis venait le moment d'ouvrir les yeux.

Regarder autour de soi. Observer visages, gestes, vêtements, couleurs de peau.

Reconnaître simplement des semblables.

Ensuite seulement, la parole circulait.

Très vite surgissaient les questions : colonialisme, restitution, mémoire.

Les discussions revenaient inévitablement aux cinq *Crânes Maka* de la collection Ecker, convoqués comme témoins silencieux au cœur de l'exercice.

Certains voulaient comprendre davantage.

D'autres préféraient se taire.

Dans les regards passaient tour à tour culpabilité, tristesse — parfois les deux.

Ceux qui parlaient semblaient chercher une forme de libération.

Même fragile.

Un début de déliaison avec les chaînes invisibles du passé.

Beaucoup répétaient la même chose : ces crânes devaient partir.

Restitution nécessaire.

Retour vers leurs héritiers légitimes.

Alors seulement la dignité pourrait renaître.

Au fil des ateliers, certains participants évoquèrent un ressenti étrange : impression diffuse de présences, presque imperceptibles, comme une respiration souterraine sous leurs pas.

Chaque fois qu'un intervenant prononçait le nom *Maka*, l'esplanade de l'ancienne synagogue semblait vibrer imperceptiblement.

Évoquer ces crânes revenait à entrouvrir une porte : celle d'une mémoire collective, peut-être plus ancienne, circulant entre les mondes.

Plusieurs participants rapportèrent le même phénomène. Sans concertation, tous évoquaient une sensation identique : l'air s'épaississait lorsque la discussion touchait à la violence du prélèvement, à la mort, au deuil volé.

Personne ne parlait de magie.

Pourtant quelque chose flottait.

On aurait dit que les *Crânes Maka*, et tous les autres alignés dans le sous-sol du musée, demeuraient attentifs.

Peut-être pas dans un désir de vengeance.

Dans une attente plus simple.

Reconnaissance.

Nom.

Retour.

Par moments, un souffle léger traversait la place. Les feuilles des platanes frémissaient sans raison apparente.

Les crânes ne se contentaient plus d'être évoqués.

Ils participaient.

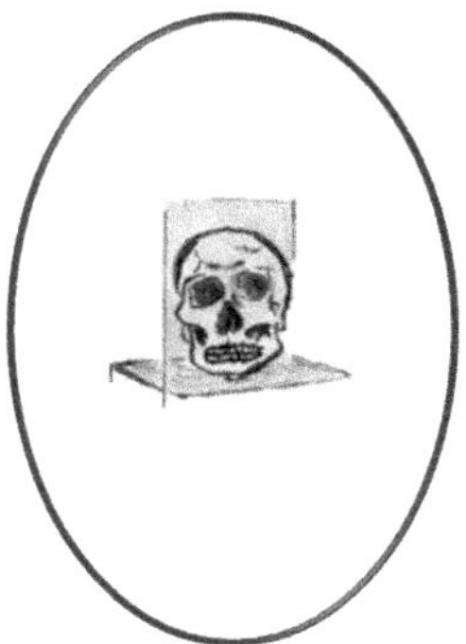

IV - ICI DANS L'AU-DELÀ

— Et si, une fois encore, tout cela ne servait qu'à balayer la poussière sous leurs tapis ? murmura une voix rauque, usée par le temps.

Ils parlent de nous, certes… mais j'en doute. Les vivants surgissent de nulle part, comme par enchantement, puis invoquent la mémoire.

Pourtant moi, resté ici dans l'ombre depuis un siècle parmi mes semblables, je peine à croire qu'ils pensent réellement à nous.

J'ai plutôt l'impression de servir de miroir, de prétexte, de décor. Ils nous convoquent pour mieux parler d'eux-mêmes.

Alors non… je n'y crois plus.

— Onambele Nkou, voilà des jours que nous moisissons ici au milieu de ces tas d'os, lança Hans Bauer. Et tu esquives toujours mes questions.

— Tu veux savoir où nous sommes… et quand ? répondit calmement Onambele.

Soit. Une condition cependant : d'autres crânes doivent se joindre à nous.

Sans cela, inutile d'insister. Tu comprendras bien assez tôt, avant la fin du siècle.

— Les *Kolos*… toujours les mêmes, intervint alors une troisième voix, lointaine, grave, claquant comme une gifle venue d'outre-tombe.

Qu'ils entrevoient un fragment de pouvoir, et aussitôt ils se prennent pour des élus.

Un silence passa. Puis la voix reprit, plus lasse :

— C'est déjà un miracle de nous trouver encore ici, nous autres *Maka*, réduits à de simples cavités d'os.

Autrement, l'histoire aurait tourné bien plus mal pour vous.

— Mvondo… voilà donc ta manière de surgir ? lança Onambele avec une ironie sèche.

Après un siècle d'ombre et de mutisme, tu restes incapable de parler avec mesure.

— Surveille ton ton, Onambele Nkou, gronda l'autre.

Un vrai *Maka* n'a nul besoin de politesse. La politesse appartient aux faibles.

Tu ramollis.

— Assez de fanfaronnades, répliqua Onambele Nkou.

Aucun véritable *Kolo* n'oublierait ce que furent les *Maka*.

Nous vous avons affrontés bien avant l'arrivée des Allemands sur nos terres.

Nous vous avons repoussés, battus, chassés dans les forêts.

Votre orgueil s'en souvient encore.

— Et cela t'autoriserait à me parler ainsi ? riposta Mvondo.

En face à face ?

— Face à face ? corrigea Onambele avec amertume.

Dis plutôt : de crâne à crâne.

Nous ne sommes plus que cela. Des cavités d'os.

Et vos prétentions commencent à me fatiguer.

— Rien que des crânes pour toi peut-être, ricana Mvondo.

Pour nous, il s'agit des *Crânes Maka.*

Sans nous, qui parlerait encore de vous ?

C'est à travers nous que tout cela existe.

— Je fais partie de ces *Crânes Maka* moi aussi, rappela Onambele Nkou d'une voix sombre.

— Pour certains, oui. Mais c'est faux, Onambele Nkou.

Tu n'es qu'une fiction parmi nous. Une invention. Une version arrangée.

Les Allemands ont tout confondu : les têtes tranchées pendant leurs expéditions au *Pays des crevettes* — hop ! — dans le même panier.

Pour eux, c'était plus simple : tous des *Crânes Maka.*

— Sans vouloir vous offenser, ajouta une autre voix,

ils vous ont sans doute trouvés également sauvages les uns que les autres.

Voilà pourquoi ils nous ont tous rangés sous le même nom.

Même si moi, je reste et demeure un *Kolo*.

— Finissons-en, intervint une voix nouvelle, étrange, comme issue des profondeurs.

Deux femmes et un homme parlant d'un seul souffle.

Je veux enfin communier avec mes ancêtres.

— Toute la tribu semble enfin réunie, observa Hans Bauer.

— Ils étaient présents depuis le début, rétorqua Onambele.

Leur parole ne change rien à ton sort.

Peu à peu, d'autres crânes s'éveillèrent dans la pénombre du sous-sol.

Un à un, ils se mirent à vibrer d'une lueur étrange,

comme si la mémoire reprenait chair dans l'os.

Des voix nouvelles surgirent alors de toutes parts.

Rauques, morcelées, venues des profondeurs du temps.

Hans Bauer retint son souffle.

Enfin, les autres morts allaient parler.

Mais l'échange promettait d'être âpre.

Entre eux, les mots se heurtaient à des murs invisibles :

méfiance, fierté, douleurs mal cicatrisées malgré l'usure des siècles.

— Vérité… vérité… psalmodia la voix triple.

Certains crânes furent tranchés.

D'autres volés.

D'autres encore offerts.

Le temps nous a tous dépouillés de notre chair.

Mais nous ne sommes pas devenus crânes de la même manière.

— Qui êtes-vous ? demanda Hans Bauer.

— Gene-Assembe-Azembe, répondit la voix unie.

Époux jadis… jusqu'à la nuit où les colons allemands massacrèrent notre campement.

Nos corps tombèrent enlacés.

Depuis, nous attendons dans l'entre-deux des mondes :

trois présences dans un seul crâne.

À cet instant précis, une onde sourde parcourut l'air.

Les installations électriques grésillèrent.

Une surtension parcourut les câbles.

Des objets chutèrent comme poussés par des mains invisibles.

Les ampoules clignotèrent violemment.

Le chaos éclata.

Dans une autre pièce du musée, Richard — l'assistant de Marie-Vincent — releva brusquement la tête.

Une décharge invisible lui parcourut la nuque.

Quelque chose n'allait pas.

Il dévala les marches menant à la salle des dépôts.

En bas, le désordre régnait.

Des papiers flottaient dans l'air.

Des classeurs s'ouvraient seuls, claquaient brutalement.

Les lumières vacillaient, projetant sur les murs jaunis des ombres mouvantes, presque humaines.

Un murmure montait — inaudible, mais obstiné.

Figé, le cœur battant à rompre, Richard sentit une présence.

Puis plusieurs.

Autour de lui.

En lui.

Au même instant, les ampoules éclatèrent dans un dernier grésillement.

L'obscurité tomba.

Un silence immense envahit la pièce.

Puis un sifflement aigu déchira l'air.

Pris de panique, Richard se mit à courir.

Lorsqu'il atteignit enfin la salle d'exposition, tout paraissait normal.

Le musée baignait dans une lumière calme, presque indifférente.

Tentant de reprendre son souffle, il murmura :

« Heureusement que l'heure de fermeture est passée…

Ce genre de débâcle ne relève pas de moi. »

V – PALIMPSESTES

Sur le chemin du retour, Richard ne parvenait pas à chasser l'épisode de son esprit. Le tram serpentait entre les sapins, traversant les paysages préservés de la Forêt-Noire. Un malaise diffus s'insinuait en lui, comme si un sort ancien venait de se rompre.

Ce qu'il venait de vivre dans la salle des collections lui rappelait les contes des frères Grimm, ces récits où le réel bascule soudain vers l'invisible. Le grondement régulier de la rame, gravissant les pentes de la plus haute montagne d'Allemagne, transforma peu à peu le trajet en parenthèse suspendue.

Il songea un instant à prévenir Marie-Vincent. Puis il renonça. Mieux valait attendre.

Une fois la Forêt-Noire franchie, l'impression s'atténua. Il se sentit redevenir lui-même, comme si l'événement s'éloignait déjà.

Appuyé contre la vitre, il regardait défiler silhouettes, voitures et halos de lumière du soir. Ce qu'il avait vécu ne semblait plus tout à fait réel.

Pourtant, dans la salle des dépôts du sous-sol du musée, quelque chose persistait.

Une agitation invisible continuait de parcourir l'espace.

Une multitude de voix étouffées s'y mêlaient encore — insistantes, saccadées, obstinées. Seuls des initiés aux arts de l'évocation auraient pu comprendre ce qui se jouait réellement dans cette pièce.

Dans la pénombre, l'onde poursuivait sa propagation.

Plaintes étouffées.

Clameurs de frayeur.

Appels désespérés.

Menaces sourdes.

L'ensemble composait une rumeur d'outre-tombe, un chant sombre à la tonalité résolument gothique.

Puis d'autres voix surgirent.

Elles semblaient remonter des entrailles de la terre, surgir des quatre points cardinaux pour venir s'ancrer dans des crânes jusque-là silencieux.

La pièce se chargea d'effluves végétales, de senteurs de terre humide, d'un air ancien semblant monter des cavernes. L'atmosphère devint presque suffocante.

Le phénomène dura une dizaine de minutes.

Puis tout cessa.

Le vent se tut.

Les ampoules se rallumèrent d'un seul coup.

— Le moins que l'on puisse dire, déclara Hans Bauer, c'est que nous ne sommes plus seuls. L'auditoire que tu réclamais paraît désormais complet. Tu peux donc exposer ta fameuse science des crânes des morts, Onambele Nkou. Dis-nous où nous sommes, quand nous sommes, et pour quelle raison j'ai été tiré de mon repos.

Une voix nouvelle s'éleva alors, brutale, impatiente.

— Qui m'a fait venir ici ? Qu'il se montre ! Et malheur à ceux qui troublent l'attente de Ritter Schulz !

Onambele Nkou répondit avec lassitude.

— Encore un crâne éveillé sans comprendre sa situation. Épargne-nous tes menaces. Un crâne n'a plus de nom.

Hans Bauer ajouta d'un ton calme :

— Ritter Schulz, tu gagnerais à habiter ta cavité crânienne avec un peu de discernement. Titres, grades, couleur de peau — tout cela appartient désormais au monde des vivants.

À cet instant, une voix féminine s'éleva.

Clair timbre, presque lumineux.

— Moi, je sais où nous sommes.

Un silence se fit.

— Nous sommes dans l'antre des mondes. Ici, nous ne sommes plus qu'attente et veille. Nous nous nourrissons de songes. Nous nous rassasions de rêves. Nous venons tous d'ailleurs… et pourtant notre présence prouve que nous ne sommes jamais tout à fait partis.

Elle marqua une pause.

— Ceux qui partent vraiment ne reviennent pas. Nous attendons l'ailleurs.

Un murmure parcourut l'assemblée.

— Autrefois, on m'appelait Anika Merkel.

Onambele Nkou intervint aussitôt.

— Tu ne parles pas pour tous. Les *Crânes Maka* savent exactement ce qu'ils désirent : rejoindre les ancêtres dans le royaume des morts.

Mvondo répliqua sèchement :

— Tu n'es pas Maka, Onambele Nkou.

Il poursuivit, d'une voix grave :

— Pour ma part, cet ailleurs évoqué par la beauté allemande ne me déplaît pas.

Ritter Schulz s'impatienta :

— Peut-on instaurer un peu d'ordre ? Quelqu'un finira-t-il par nous dire où nous sommes et pourquoi nous avons été réveillés ?

Hans Bauer reprit :

— La question mérite réponse. Que les crânes parlent.

Un chant étrange s'éleva alors :

— Awoula… woulaaa…Histoire… raconte ! Voici notre récit !

C'était la voix mêlée des deux femmes et de l'homme connus sous le nom de Gene-Assembe-Azembe.

Hans Bauer intervint aussitôt :

— Pas sous forme de chœur. L'opéra conviendrait mieux à ce genre de récit. Laissons plutôt parler Onambele Nkou. Son esprit paraît plus structuré.

Mvondo protesta violemment :

— Inacceptable ! Un non-Maka ne parlera pas en notre nom !

Hans Bauer répondit avec calme :

— Nous sommes des crânes. Et pour les vivants, vous portez tous le même nom : Crânes Maka.

Anika Merkel ajouta :

— À mes yeux, aucune différence ne subsiste entre vous et nous. Nous formons désormais une seule entité : Crâne. Ni noir, ni blanc, ni jaune.

Hans Bauer soupira.

— Peut-être. Mais Onambele Nkou possède des talents pédagogiques que Mvondo ne partage pas.

Onambele Nkou trancha :

— Je ne parlerai pas tant que nous ne serons pas plus nombreux.

— Pourtant, répliqua Hans Bauer, il y a ici plus de crânes habités que dans bien des régions de l'antre des mondes.

— Prouve-le.

Hans lança alors l'appel :

— Que les crânes réveillés par le court-circuit se manifestent. Dites qui vous étiez… si vous vous en souvenez.

Le silence répondit.

Onambele Nkou déclara alors avec calme :

— Tu ignores les lois gouvernant les crânes. Seul un mage évocateur peut contraindre chacun de nous à se manifester.

Il reprit après une pause :

— Pourtant nous possédons un savoir. Depuis plus d'un siècle nous observons ce lieu en silence. Notre présence témoigne de la persistance du temps et de la mémoire — au-delà même de la mort.

Puis il se tut.

Personne ne répondit.

L'air lui-même semblait figé.

Un silence dense envahit la pièce, épais comme une nappe d'encens froid.

On percevait des relents de soufre et le goût métallique d'une braise mourante.

Une odeur ancienne flottait dans l'espace.

Celle d'un feu sacré oublié.

Celle d'un espoir éteint.

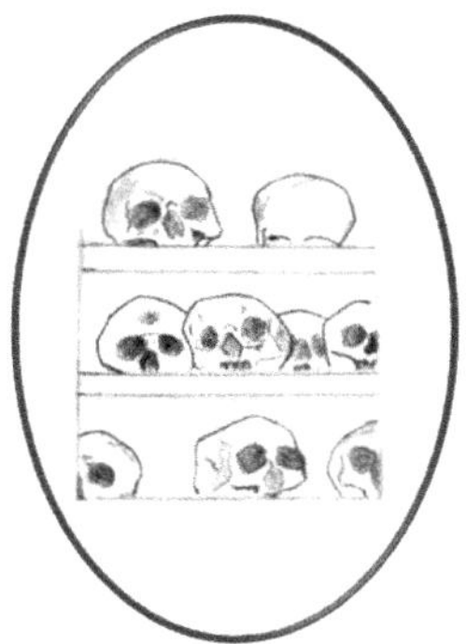

VI - PAR LA PORTE DE TELLIER

*U*n vent glacé, tranchant comme une lame d'air, envahit la pièce. De petits nuages cotonneux surgirent, dérivant lentement dans l'espace. Ils ondulaient entre le plafond et une mince pellicule d'air frôlant le sol. Une odeur âcre persistait — mélange de sang refroidi, de soufre et de braise étouffée — bientôt engloutie par une brume épaisse, presque vivante.

Dans leurs cadres de carton renforcé, d'autres crânes frémirent. Une vibration imperceptible les traversait. Figés mais habités, ils prirent l'allure de tableaux ensorcelés, chaque cadre devenant l'ouverture d'un passage vers un ailleurs invisible.

Autour d'eux, les étagères du sous-sol ploient sous les cartons. Elles semblaient vaciller sous l'effet d'une agitation muette. Des tourbillons de brume continuaient de se former, glissant entre les rayonnages.

Un sifflement aigu fendit l'air. Puis, dans ce tumulte indéchiffrable, surgirent d'autres plaintes — gémissements, râles étouffés, soupirs d'une nature impossible à identifier.

Hans Bauer rompit le silence.

— Je crois que vous avez votre réponse, Onambele Nkou. Je doute que ce lieu ait jamais vu autant d'âmes se manifester à la fois. Commençons donc.

Il marqua une pause.

— La tension qui nous étreint est peut-être le prix à payer pour atteindre une clarté nouvelle. Après tout, ce n'est pas la première fois que les Allemands invoquent la science pour tenter de comprendre l'invisible africain.

Il ajouta, plus bas :

— Avons-nous réellement le choix ? Dans l'entre-deux des mondes, celui qui détient l'information détient aussi le pouvoir… ou peut-être la paix.

Une voix douce se leva alors.

— Moi aussi, je veux comprendre, dit Anika Merkel. Je ne prétends pas tout saisir. Mais si vous en êtes d'accord, commençons par nous présenter. Que chacun dise qui il fut — et ce qui, dans sa mémoire, brûle encore.

Un murmure d'espoir parcourut l'espace.

Puis elle poursuivit :

— Que sommes-nous désormais, sinon des rémanences intermittentes ? Des ombres de chair et d'os, des voix sans promesse, figées dans le souvenir et les gémissements.

— Nous sommes ceux qui attendent sans rendez-vous. Ceux qui espèrent sans garantie. Entre deux mondes, nous dérivons — ni morts, ni vraiment vivants.

Sa voix se fit plus fragile.

— Si nous avions pu choisir... beaucoup d'entre nous auraient voulu reposer dans une armoire paisible, près d'un autel, dans un sanctuaire de lumière et d'amour.

Hans Bauer intervint aussitôt :

— Si Onambele Nkou approuve cette idée, je veux bien commencer.

— J'adhère à ce que dit cette dame, murmura Onambele Nkou.

Un rire sec éclata.

— Ne tarde pas trop, lança Mvondo. C'est précisément cette faiblesse devant les femmes qui permit aux Allemands de te piéger... et de te trancher la tête.

Onambele Nkou répliqua calmement :

— Moi, au moins, je suis tombé victime d'une trahison. Rien à voir avec ceux qui furent égorgés pour avoir dévoré leurs semblables.

Ritter Schulz intervint d'une voix dure :

— Assez de ces balivernes crâniennes. Si mes souvenirs ne me trompent pas, j'ai financé autrefois la recherche. La posture scientifique impose un minimum de noblesse.

Un bref silence suivit.

Puis Hans Bauer parla.

— Je commence.

Sa voix se fit grave.

— J'étais officier dans la valeureuse *Wehrmacht*. J'ai participé à plusieurs expéditions dans les brousses africaines du *Togoland*. C'est là-bas qu'un robuste indigène me trancha la tête.

Il marqua une pause.

— C'était lors d'un transfert de captifs récalcitrants vers les côtes du Pays *Anlo*. En principe, nous les brisions mentalement avant de les envoyer aux travaux forcés. Mais ce jour-là, en 1909, rien ne se passa comme prévu.

Sa voix trembla légèrement.

— L'un d'eux se libéra soudain. Avec une rapidité stupéfiante, il se jeta sur moi. Je vis ma tête rouler sur le sol… emportant avec elle mes derniers espoirs de revoir ma famille.

Il se tut.

Le silence s'alourdit.

Puis il reprit :

— Je n'ai jamais revu ma famille. Mais j'espère toujours les retrouver quelque part, entre les mondes. Retrouver celle que j'aimais. Sentir la présence d'Anna et de Rudolf, mes enfants. Ô Kuster, mon éternelle bien-aimée… toi seule pourrais laver mes regrets. Car au fond, à quoi servit la colonisation de l'Afrique, sinon à nourrir la Première Guerre mondiale ? L'un des affrontements les plus cruels entre hommes. Et nous, soldats, hommes d'armes et d'honneur… à quelles horreurs l'orgueil nous a-t-il conduits ? Je ne souhaite plus qu'une chose : retrouver ceux que j'ai perdus dans le tumulte de mon ambition.

Mvondo parla alors doucement :

— Je crois commencer à te comprendre.

La voix mêlée de Gene-Assembe-Azembe résonna :

— Hans Bauer est l'un des nôtres.

Ritter Schulz protesta :

— Pourriez-vous être plus clairs ?

Onambele Nkou répondit :

— Tu es un crâne de mort, Hans. Tu appartiens désormais au même groupe que nous.

Ritter Schulz s'emporta :

— Je n'y comprends plus rien. Un Allemand classé avec des Africains ?

Onambele Nkou expliqua :

— Selon notre science, les crânes de mort sont ceux d'individus décapités. Jusqu'ici, ce privilège appartenait aux *Maka*… et à moi-même. Mais l'histoire de Hans Bauer élargit cette catégorie.

Mvondo s'avança.

— Pour ma part, j'ai connu la guerre et les expéditions dans la brousse. J'étais autrefois un redoutable guerrier *Maka*.

— Notre tribu inspirait la crainte à tous les peuples voisins.

— Lorsque les Kolo tentèrent de s'implanter dans la région centrale du *Pays des Crevettes*, nous les avons affrontés. Nous avons perdu la bataille… peut-être. Mais jamais ils n'ont oublié notre bravoure ni notre férocité. Dans l'esprit de nos ennemis, nous avons toujours gagné.

Non par la force brute, mais par la terreur que nous inspirions.

Une voix railleuse l'interrompit :

— Tu pourrais simplement dire que les *Maka* pratiquaient le cannibalisme.

Un silence brutal tomba.

Mvondo répondit, tranchant :

— Si j'ai besoin de mots, je te les demanderai.

Mvondo poursuivit :

— Nous, les *Maka*, avons beaucoup fait pour le *Pays des Crevettes*. C'est grâce à notre soulèvement contre Hans Dominik, vers 1910, que le monde commença à prendre conscience de la barbarie coloniale allemande.

Onambele Nkou intervint :

— Malheureusement, les *Maka* ne se contentaient pas de manger leurs ennemis. Ils se dévoraient aussi entre eux.

La voix mêlée de Gene-Assembe-Azembe murmura :

— Face aux *Maka*, Pablo Escobar et son cartel de Medellín n'auraient été que des amateurs.

Des rires d'ombres résonnèrent dans le sous-sol.

Les esprits des crânes de la collection Alexander Ecker continuaient d'errer — seuls ou groupés — oscillant entre l'espoir et le mutisme des tombeaux.

Suspendus de part et d'autre du voile terrestre, ils persistaient à vivre par procuration, tissant d'étranges liens émotionnels avec les vivants à leur portée. Parfois, ces liens réveillaient d'anciennes affinités : goûts, couleurs, passions, rêves partagés autrefois. Les crânes s'arrimaient alors aux émotions humaines — joie, douleur, mélancolie — et s'y dissolvaient comme des ombres dans la lumière.

Ainsi, pour les crânes des morts *Maka*, Pablo Escobar n'aurait jamais été une légende si leur propre histoire avait été connue.

À leurs yeux, le cannibalisme n'était pas une abomination.

C'était un art.

L'art de la domination et de l'imposition. L'art de survivre.

Le narcotrafiquant de Medellín avait su retourner la violence à son profit, mettant l'État colombien à genoux.

Les *Maka* estimaient qu'ils auraient pu — ou voulu — opposer à Hans Dominik, en 1910, cette même intelligence de la terreur et de la guerre.

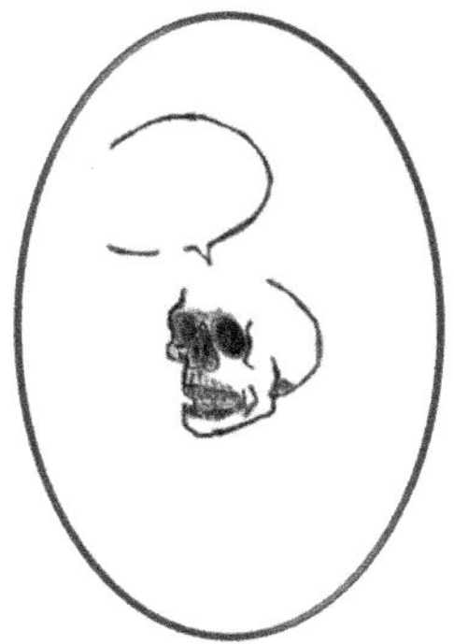

VII - FACE AU GARDIEN DU SEUIL

Retour dans le sous-sol du musée de Freiburg, là où les crânes animés de la collection Alexander Ecker poursuivaient leur étrange conversation. Des souffles subtils, porteurs d'âmes en suspens, continuaient de faire vibrer l'air — visiblement de plus en plus familiers les uns aux autres. Cette connivence naissante donnait à leur évocation l'allure d'une scène de théâtre, presque d'un drame-opéra.

Ce fut Anika Merkel qui, la première, reprit la parole.

— Ce dont nous avons réellement besoin, c'est de nous affranchir de l'emprise que la terre des vivants exerce encore sur nous. Il suffit qu'ils nous évoquent, qu'ils manifestent leur désir, pour que nous nous retrouvions à nouveau soumis — quelle que soit notre condition dans l'antre des mondes.

Une mélancolie funeste sembla s'installer dans la pièce avant qu'elle ne poursuive :

— Pourtant, ici, nous ne sommes plus que des vestiges. Des crânes dispersés aux formes étranges, simples prétextes à la douleur ou à la honte des vivants. Ils nous exposent, nous scrutent, nous interprètent… Mais je vous le dis : au cœur même de l'entre-deux des mondes subsiste une voie pour chacun de nous. Au-delà encore, un passage. Enfer ou paradis — peu importe.

— Je n'aspire plus qu'à une chose : me libérer. Me libérer des cycles clos des mondes, et surtout de l'emprise des vivants. Car notre avenir sur la terre est désormais compromis. Nous avons tout perdu. Notre lien avec la vie organique est rompu.

Un silence s'installa.

Puis une nouvelle voix s'éleva, mélancolique.

— Si seulement j'avais encore ces yeux bruns qui furent les miens… mon corps d'athlète, mes poumons emplis d'air salé, ma peau caressée par la brise… S'il me restait la moindre chance de saisir un pinceau, de laisser mon inspiration se répandre sur la lumière d'une toile… Malheureusement, après plus d'un siècle, j'ai tout oublié. Même mes désirs.

Hans Bauer souffla :

— Ce souffle pourrait bien être celui de Tobler… Jens Tobler, cet artiste allemand qui se suicida lorsque les nazis menacèrent de révéler publiquement son orientation.

— C'est moi, en effet.

— Mes œuvres continuent d'exister chez les vivants. Pourtant ni mes pinceaux ni mes origines n'ont pu me réconcilier avec l'existence. Seul l'amour que je portais à un homme me donna le sentiment d'exister. Mais cet amour était interdit. Nous avons vécu cachés. Et je n'ai pas su résister à la pression de mon époque.

Un silence pesant suivit.

Puis il ajouta :

— Mon bien-aimé recueillit mon crâne et l'offrit à la science. Non pour la science… mais pour moi.

— Il voulait donner à ma disparition un sens. Il mourut de tristesse bien des années plus tard.

Hans Bauer murmura :

— Quelle histoire bouleversante.

Ritter Schulz répondit :

— Nos existences ont toutes suivi des trajectoires étranges.

Les souffles se tournèrent vers Mvondo.

— Raconte-nous ton histoire, valeureux guerrier *Maka*.

Mvondo reprit :

— Mon histoire ressurgit aujourd'hui, portée par un souffle ardent.

— Si d'autres tribus avaient osé se lever comme nous contre Hans Dominik, peut-être la colonisation allemande n'aurait-elle pas dépassé 1910. Mais beaucoup choisirent le silence. Aux yeux du monde, nous étions les monstres. Pourtant nous ne dévorions que nos ennemis.

Un crâne inconnu demanda :

— Comment en es-tu arrivé là ?

Mvondo répondit :

— Mon frère fut capturé par un détachement allemand et réduit aux travaux forcés près de Yaoundé. Nous avons attaqué pour le libérer. Puis, un officier nous tendit une embuscade. Il me décapita et envoya ma tête à Hans Dominik.

Hans Bauer répondit :

— Vu depuis l'antre des mondes, beaucoup de nos ambitions paraissent dérisoires.

Mvondo acquiesça.

— Vous avez imposé votre domination par les armes. Mais nous vous avons affrontés.

Alors Anika Merkel murmura :

— Si j'avais encore un cœur… ce que je viens d'entendre de vous me bouleverserait tellement.

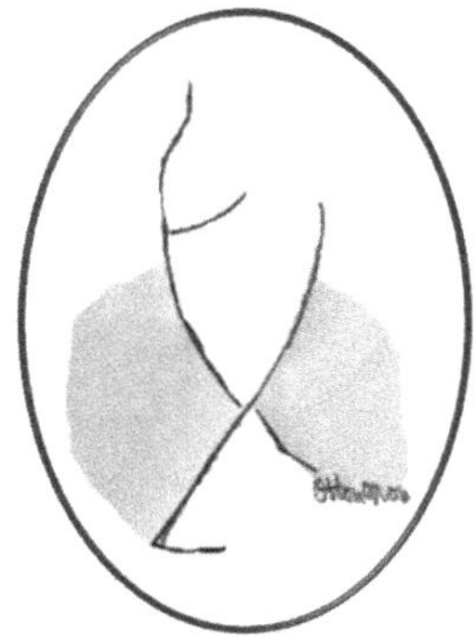

VIII - DU FEU SOUS LES CENDRES

*A*lors que les ateliers de restitution de la septième journée s'achevaient, Marie-Vincent demeura un long moment sur l'esplanade de l'ancienne synagogue, aux côtés des bénévoles. Elle ne croisa plus Richard. C'est donc par SMS qu'elle apprit la nouvelle :

« La salle des crânes a eu un souci électrique en fin d'après-midi », avait-il écrit. « Ça ressemblait à un court-circuit, mais honnêtement… c'était étrange. On aurait dit qu'il y avait des présences. »

De retour dans son appartement de la *Birmannsgasse*, de l'autre côté de la frontière allemande, à Bâle, elle n'eut pourtant aucune peine à poursuivre sa soirée. Le message de Richard n'eut pas d'impact significatif sur son humeur — et cela pour une raison bien particulière, intime, presque coupable.

Cela faisait quinze jours qu'elle attendait autre chose : une soirée de détente complice, presque amoureuse, semblable à tant d'autres depuis une dizaine d'années, avec Rodrigue Balla, son ami et amant. Il ne restait plus que deux heures avant son arrivée. Déjà, elle s'imaginait debout devant la porte, prête à lui ouvrir — comme on entrouvre un passage vers un autre espace, ou vers un état de plénitude.

Une pensée persistait pourtant en elle. À Freiburg, le lendemain, un problème l'attendrait sûrement. Mais pour l'instant, elle refusait de céder à cette inquiétude. Elle voulait avant tout offrir le meilleur accueil possible à son invité. Elle avait remis de l'ordre, ajusté chaque détail de son petit appartement du quatrième étage, sans ascenseur — un lieu que Rodrigue connaissait presque par cœur pour y avoir séjourné à plusieurs reprises.

Le parquet brillait sous une lumière douce. Les murs, vêtus d'un papier peint mauve et blanc, diffusaient une impression de calme presque irréelle. Dans l'appartement, deux chambres inégales se faisaient face, séparées par une cuisine ouverte sur un petit balcon intime. Un couloir étroit, à peine un mètre de large, conduisait à une grande pièce inondée de clarté.

Elle aurait pu en faire un salon, mais avait choisi autrement. Pas de fauteuils rembourrés, pas d'écran plat, aucune distraction. Elle avait transformé cet espace en lieu intime : un coin de travail, un coin de yoga, et surtout un royaume végétal.

Un philodendron aux feuilles d'un vert vif, traversées de reflets rosés, trônait depuis longtemps dans un angle, comme enraciné dans le temps. Il semblait observer l'ensemble de la pièce, silencieux.

Un peu plus loin, un chlorophytum étirait ses longues feuilles souples, accompagné d'un cactus impassible et de quelques succulentes aux formes généreuses, toutes logées dans de grands pots d'argile cuite aux teintes terreuses.

Il était 20 h 30. Le brochet finissait de cuire au four et ses arômes chauds, poivrés, emplissaient peu à peu l'air.

La sonnette retentit.

Son cœur fit un bond. Une vibration familière traversa tout son corps.

— Halo, Marie-Vincent, lança Rodrigue sur le pas de la porte, un large sourire aux lèvres et dans les bras une brassée de pivoines éclatantes.

— Halo… bienvenue, mon Balla, répondit-elle, radieuse. Je suis heureuse de te voir. Ne reste pas là, entre !

— La lavande, fit-il en respirant l'air de la pièce. Ça sent très bon chez toi.

— Je savais que tu apprécierais cette senteur, répondit-elle, ravie que l'ambiance lui parle.

Après un dîner tendre, éclairé par la lumière vacillante des bougies, ils s'installèrent sur le balcon pour savourer un dessert. Ce moment suspendu, après le repas, faisait partie de leurs petits rituels. Ni l'un ni l'autre n'étaient vraiment fumeurs, mais ils appréciaient ces pauses rares, volées au quotidien, où la complicité s'épanouissait sans effort.

La soirée glissa doucement de l'amitié vers quelque chose de plus dense. Sous les guirlandes lumineuses des fenêtres voisines, les rires s'assombrirent, les regards gagnèrent en gravité. C'était l'heure où les corps commencent à parler un langage plus complet que les mots.

Elle le fixa, troublée, tandis qu'il la dévisageait intensément. Une chaleur douce, dangereuse, s'installa entre eux, comme un feu couvant sous les cendres.

Elle hésita, tenta de détourner la conversation.

— Toi qui comprends mieux que moi les esprits de la forêt… tu pourrais peut-être nous aider, mes collègues et moi…

Il ne la laissa pas finir.

Le silence tomba, plein. Ses yeux, plus éloquents que tout discours, effacèrent la distance. Quand leurs lèvres se rencontrèrent, le temps sembla se replier sur lui-même. La lumière tamisée, le parfum de lavande, le souffle nocturne venu du balcon : tout conspirait à suspendre le monde.

Ils se retrouvèrent lentement, avec la tendresse de retrouvailles longtemps différées. Leurs gestes disaient l'attente, la confiance, le besoin d'être ensemble — pleinement présents, ici et maintenant, loin des ombres, des normes et des musées.

Elle se mit à respirer plus fort, d'abord timidement, puis avec une intensité nouvelle. Il comprit aussitôt ce que cela disait d'elle : l'abandon, le désir, cette confiance qu'elle lui offrait sans un mot.

Le silence entre eux prit une ampleur nouvelle — un échange où les gestes et le rythme valaient toutes les figures du langage.

Ils se rapprochèrent encore, portés par une lenteur pleine de promesses. Leurs mouvements s'accordaient comme deux mélodies cherchant à s'unir dans un même tempo. Leurs habits glissèrent au sol, un à un, comme des résistances abandonnées sur le parquet.

La lumière vacillante des bougies dessinait, sur le contraste de leurs peaux nues, un tremblement doré.

Bientôt, il n'y eut plus qu'eux : leurs respirations entremêlées, leurs cœurs battant au même rythme. Chaque frôlement semblait élargir l'espace autour d'eux.

Le monde entier s'effaça pour ne laisser place qu'à cette rencontre essentielle.

Elle se sentit s'ouvrir à lui — pas seulement dans la chair, mais dans un élan où tout devenait vertige doux, ondes bienfaisantes.

Dans cette fusion, ils eurent la sensation de s'élever, de flotter quelques instants au-dessus de leurs existences, suspendus dans une clarté perceptible, comme deux âmes réunies, retrouvées.

Même après cet instant d'abandon, il continua de l'enlacer, ses lèvres effleurant sa peau comme pour y inscrire un souvenir. Il y avait dans ses gestes une tendresse rare, presque sacrée.

— Je t'aime plus que tout, murmura-t-elle en se blottissant contre lui.

— Moi aussi je t'aime, ma reine suisse, répondit-il avec un sourire à la fois doux et malicieux.

Elle leva les yeux vers lui.

— Est-ce que tu vas bien ?

— Qui pourrait aller mal avec une créature aussi charmante dans les bras ? répondit-il, amusé.

Puis, d'un ton faussement solennel, il ajouta :

— Je vais très bien. Et je pourrais même, là tout de suite, réclamer le trône de ma tribu.

Elle éclata de rire.

— Alors, bonne nuit, mon héros africain, souffla-t-elle, mi-sérieuse, mi-complice.

— Fais de beaux rêves, ma douce blanche au cœur volcanique, répondit-il avant de la serrer tendrement contre lui.

Dans la lumière tiède de la chambre, leurs respirations s'accordèrent une dernière fois avant le sommeil.

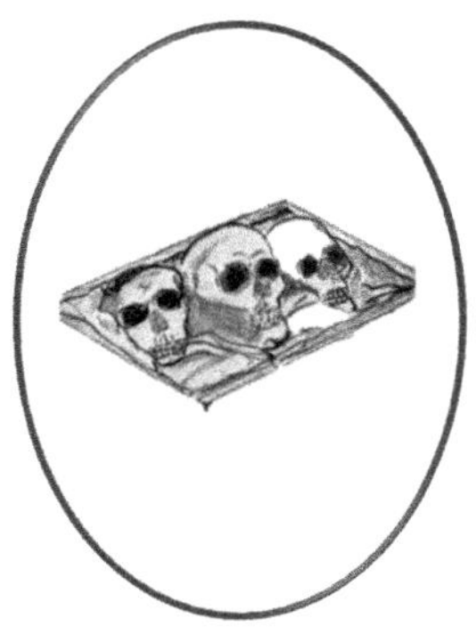

IX - AD PATRES[1]

Dans l'obscurité feutrée du sous-sol du musée, les crânes poursuivent leur étrange conversation. Les étiquettes effacées n'ont pas entièrement dissous leur mémoire. Chacun cherche à se reconnaître, à se rappeler — ils se racontent.

De leurs orbites vides semble jaillir une respiration sourde, comme une présence attentive tournée vers l'humanité d'en haut.

La manière dont ils moururent trace encore des différences, même si celles-ci deviennent peu à peu chimériques. Parmi les crânes lisses — soldats, savants, colons, volontaires — issus pour la plupart des anthropothèques européennes, apparaissent les symboles d'un monde ordonné : idéaux figés, pouvoir tranquille, certitudes scientifiques.

---

[1] Loc. ad. Lat. *Fam.* Vers ses pères, ses aïeuls, dans l'autre monde.

À côté reposent d'autres crânes, marqués de fissures profondes. Ramassés dans des terres brûlées, noircies d'exil et de colère : guerriers, résistants, témoins d'engagements arrachés à leur sol autant qu'à l'histoire.

La frontière n'était pas si étanche. Pourtant, pour la science des crânes tant espérée, elle faisait loi.

Des voix s'élèvent encore. Grinçantes, superposées, tour à tour dignes, moqueuses ou menaçantes. On y devine des regrets, des rancœurs, l'amour, les désillusions. Tous semblent chercher — ou dissimuler — un sens à ce qu'ils furent, à ce qu'on fit d'eux, à ce que l'humanité pourrait leur devoir, ou choisir d'oublier.

Le passé refuse de mourir. Le présent, lui, semble ne plus savoir qu'en faire.

Alors la voix mêlée de Gene-Assembe-Azembe s'élève. Elle prolonge les récits de Mvondo et de Hans Bauer.

— En réponse aux assauts asymétriques menés par Mvondo et d'autres guerriers *Maka*, la violence allemande s'abattit sur nous avec une brutalité accrue — femmes, vieillards, enfants. Pour la première fois nous doutâmes de l'issue des affrontements. La peur fissurait nos certitudes. La débâcle gagnait les esprits.

Des voix divergentes surgirent. Certains affirmaient que la malédiction frappant notre peuple venait de nos propres dérives, de nos pratiques cannibales. Nos ancêtres, disaient-ils, nous avaient abandonnés.

Convaincus de cela, quelques-uns retournèrent leur cache-sexe et prirent place à la table de l'ennemi.

Peu à peu les frappes de l'agresseur devinrent plus précises, plus insistantes, plus cruelles. Nos refuges furent dénoncés avec acharnement. Les soldats allemands finirent par nous débusquer, chassant nos campements comme du gibier dans la forêt.

La mort me trouva alors. Entre mes deux femmes. Sous une pluie de balles.

Le lendemain, mon crâne fut retrouvé près des leurs, encore noirci de chair brûlée. Les soldats saisirent l'occasion pour forger une légende morbide à notre sujet : une fable d'horreur à usage scientifique. Des mains de Hans Dominik, nous passâmes de propriétaire en propriétaire, de laboratoire en laboratoire — disséqués, classifiés.

Puis les collectionneurs et les musées décidèrent de notre sort.

Autrefois curiosités exotiques, nous étions exposés avec fascination — entre la bête et l'homme. Aujourd'hui nous ne sommes plus seulement devenus les rebuts des autres : nous sommes aussi leur propre embarras. Une gêne civilisationnelle.

Un silence lourd de sens s'installa.

Jens Tobler rompit le moment, sarcastique :

— Qui l'eût cru ? De part et d'autre vous avez foncé droit dans le mur en klaxonnant. Et chacun prétendait défendre un droit divin, une cause civilisationnelle.

Hans Bauer répondit, irrité :

— Avec votre propre suicide, vous n'avez guère fait mieux.

Tobler haussa les épaules.

— Je n'en disconviens pas. Disons… monsieur le crâne d'honneur.

Un rire bref, sans joie, parcourut la salle invisible.

Onambele Nkou intervint alors :

— Monsieur l'artiste, il n'existe pas de crâne d'honneur ici. Même l'art le plus sublime ne saurait représenter ce qui n'existe nulle part dans la création.

Sa voix se fit plus grave.

— Si ces voix persistent à se manifester ainsi, je présenterai bientôt la science des crânes comme promis.

Ritter Schulz saisit aussitôt l'occasion :

— Ne pensez-vous pas qu'avec Anicka, Hans, Jens, vous cinq — sans compter les *Crânes Maka*, les anonymes et moi — nous sommes déjà assez nombreux ?

Onambele Nkou répondit calmement :

— Ce n'est pas le nombre qui compte, mais la présence réelle. Et pour l'instant ni vous, ni Anicka, ni moi ne nous sommes encore présentés.

Il ajouta :

— Avant de parler, il faut se connaître. C'est la seule base d'un groupe véritable — celui où chacun demeure l'égal de l'autre, quelle que soit son origine, sa forme ou sa mémoire.

À la surprise générale, Anicka Merkel prit la parole :

— C'est moi qui ai consenti au don de mes restes à la science.

Elle marqua une pause.

— Je l'ai fait par amour. Pour mon bien-aimé Luz, dont toute l'existence fut dédiée à la biologie. J'ai modelé la mienne dans l'ombre de ses recherches, toujours à l'aimer, sans jamais réussir à le soutenir comme il l'aurait voulu.

Elle inspira profondément avant de poursuivre :

— Je consacrais mon temps aux cercles de méditation, à la quête d'un bien-être spirituel. Il me le reprochait, incapable de percevoir ce qui ne se prouve pas, ce qui ne se mesure pas. Il refusait que je demeure dans l'ombre, en retrait des galas, muette face aux éloges des pairs.

Sa voix se fit plus douce.

— Lorsqu'il me rendit responsable de son isolement, je lui promis ceci : ce qu'il resterait de moi serait offert à la science — un pont entre deux perceptions du monde, une tentative de réconcilier la rigueur des faits avec la lumière du doute.

Elle conclut simplement :

— J'ai refusé une pierre tombale et rédigé moi-même l'épitaphe de mes restes.

Hans Bauer souffla, impressionné :

— Dans ce cas, vous êtes le premier crâne ici présent de son plein gré.

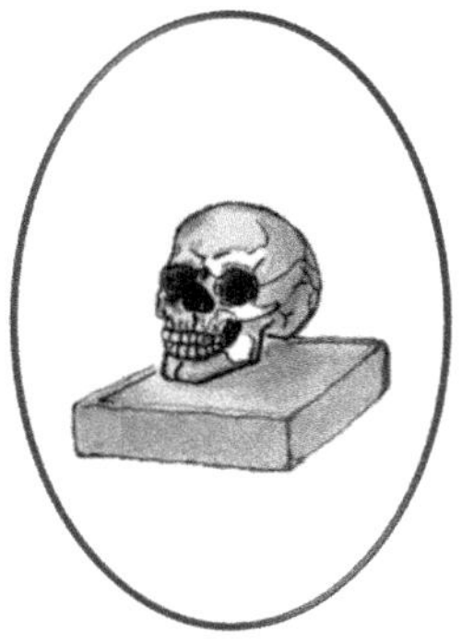

X – INCANTATIONS

*A*lors que son bel étalon dormait encore profondément, Marie-Vincent quitta le lit sur la pointe des pieds. Il était presque sept heures. Trois petites heures seulement s'offraient à elle pour tout régler : un rangement sommaire de la cuisine, un passage rapide dans la salle d'eau, un petit déjeuner… et peut-être davantage — si l'affinité nouvelle avec lui se confirmait.

Deux ou trois appels téléphoniques restaient aussi à passer avant de prendre le train pour Freiburg, aux alentours de dix heures.

Elle jeta un regard par la fenêtre et se réjouit du temps clément qui s'annonçait. L'été promettait du soleil, mais sans la canicule étouffante des jours précédents. Pourtant, dans un coin de son esprit, le message reçu de Richard la veille continuait de la titiller.

Richard fut le premier à arriver au musée ce matin-là. Il déposa sa bandoulière sous le poste d'accueil, alluma les lampes, consulta les registres et vérifia les routines d'entretien. Tout semblait en ordre. Pourtant, un détour par la salle des dépôts, au sous-sol, s'imposait.

L'incident de la veille ne quittait pas son esprit.

À sa grande surprise, toutes les ampoules s'allumèrent normalement. La ronde de contrôle avait manifestement été effectuée. Les crânes reposaient dans leurs cartons ouverts, alignés sur les étagères, certains entassés, dans l'attente d'un classement ultérieur.

Rien d'anormal.

Tout étant rentré dans l'ordre, la huitième journée des ateliers de restitution pouvait commencer.

Après un bref passage au bureau, Marie-Vincent rejoignit les bénévoles sous les tentes. Comme les jours précédents, de plus en plus de participants semblaient dépasser leur culpabilité initiale pour accepter de s'impliquer réellement. Peu à peu, c'était toute l'entreprise coloniale qui se trouvait interrogée, jugée, parfois condamnée.

Richard et Marie-Vincent échangèrent quelques mots à propos du court-circuit survenu la veille. Une panne, peut-être. Pourtant, le minutage, l'atmosphère, la précision des événements — tout cela paraissait trop exact pour n'être qu'un hasard.

Richard refusait de croire à ces histoires. Mais quelque chose, au fond de lui, continuait de se déplacer imperceptiblement. Un doute persistant.

Marie-Vincent, elle, restait plus troublée.

Juive par ses origines, elle connaissait ces questions à travers les récits anciens. Dans la *Torah*, chaque entité, chaque énergie possède un nom, une histoire, une fonction. Au troisième millénaire, pourtant, accorder la moindre réalité à de telles forces paraissait presque indécent — surtout lorsqu'il s'agissait de crânes africains.

Ces crânes *Maka* venaient du cœur de l'Afrique.

Même réduits par les analyses à de simples objets anthropologiques, ils semblaient résister à toute logique rationnelle. Quelque chose échappait au système.

Autour d'eux persistait une présence indéfinissable, sourde, archaïque. On n'osait pas la nommer. Pourtant elle rôdait.

Marie-Vincent le sentait.

Chaque voyage en Afrique, chaque rencontre, chaque étude menée sur le terrain avait fissuré un peu plus sa confiance dans la neutralité absolue de la science.

Aujourd'hui encore, la simple idée de ce qui reposait dans le sous-sol lui provoquait un frisson. Là-bas, dans l'ombre, quelque chose continuait d'exister.

Quelque chose d'africain.

Noir.

Rodrigue Balla, son ami — et amant — en riait parfois. Mais son rire n'était jamais entièrement moqueur.

— Chérie, disait-il souvent, tu vois bien que tu essaies de comprendre l'Afrique avec ta tête. Mais l'Afrique ne se comprend pas comme ça. Il faut ouvrir les yeux du cœur.

Puis il se taisait, comme s'il craignait d'aller trop loin.

Marie-Vincent sentait bien que la culpabilité qu'elle portait, cette tension intérieure, venait de là. Elle aurait voulu croire aux intentions pures, aux idéaux universels. Pourtant une part d'elle savait que cela ne suffisait pas.

Le malaise s'installait. Il remontait lentement.

Et menaçait de parler à sa place.

Dans cette atmosphère saturée d'invisibles, personne n'osait évoquer les manifestations supposées des *Crânes Maka*, ni les anciennes rumeurs de pratiques cannibales.

Richard et Marie-Vincent s'éloignèrent sans mot dire.

Creuser cette piste aurait peut-être fait surgir des questions auxquelles ils n'étaient pas prêts à répondre.

Sur l'esplanade de l'ancienne synagogue, un homme âgé apparut. Soixante-dix ans, peut-être davantage.

Une chevelure blonde presque phosphorescente sous le soleil de midi. Il avançait sans hésiter, les pieds glissés dans des mocassins blancs, vêtu d'un costume beige impeccablement repassé.

Il semblait au-dessus de toute agitation — du moins en donnait-il l'impression.

Arrivé près des tentes, il observa les bénévoles un à un, longuement, attentivement. Puis il écouta les explications sur l'expérience en cours, comme s'il savait déjà qu'il allait en faire partie.

Après avoir franchi chaque étape du parcours, il retira son casque et demanda à voir Marie-Vincent.

— Elle est partie vérifier que tout se passe bien du côté de l'*Unimuseum*, expliqua une bénévole. Elle revient dans dix minutes.

Le visiteur déclina l'invitation à attendre sous la tente. La chaleur estivale l'incita plutôt à s'installer à l'ombre, sur un grand banc public derrière les platanes.

Cinq minutes plus tard, avertie par téléphone, Marie-Vincent arriva.

— Bonjour. Merci de m'avoir attendue, monsieur. Que puis-je faire pour vous ?

— Êtes-vous responsable du projet ? demanda le visiteur.

— Pas exactement. Tout dépend de ce que vous cherchez.

— Parfait. Jean-Yves Groux. Français. Ma famille travaille dans la collection et l'antiquariat depuis plus d'un siècle. Mon frère Chavanne et moi perpétuons cette tradition depuis quarante ans.

— Très intéressant. Mais que puis-je faire pour vous ?

— Peut-être est-ce vous qui avez besoin de mon aide.

— Je peine à vous suivre, monsieur Groux.

— Une amie universitaire de Strasbourg nous a parlé de vos ateliers. Les dates correspondaient à nos vacances hors de France. Nous avons donc décidé de passer la semaine à Freiburg.

Il marqua une pause.

— Avez-vous déjà échangé avec des collectionneurs ou des antiquaires au sujet de la restitution ?

— Non, vous avez raison. À ce jour, seules les collections publiques sont au cœur de notre travail. Mais votre expérience pourrait enrichir la réflexion.

— Voilà qui me rassure. Car vous ne pourrez éternellement esquiver ce débat. Vos campagnes de restitution finiront par impacter notre travail.

— Votre point de vue se défend. Mais je ne vois toujours pas en quoi je peux vous aider.

— À vrai dire, c'est moi qui viens vous aider. Offrir une autre perspective. Élargir le cadre.

— Je comprends l'idée. Mais je ne saisis pas encore ce que vous attendez concrètement de moi.

— C'est simple. Venez dîner avec nous ce soir. Mon frère sera là, avec sa famille. Retrouvons-nous à l'hôtel Freiburg Stadt.

Marie-Vincent hésita.

— Merci pour votre invitation. Mais nous avons une réunion ce soir pour préparer la dernière journée des ateliers.

— Alors venez demain, sans pression. Nous pourrons débattre plus sérieusement.

— Je préfère être claire. Je ne suis pas professeure titulaire. Ce n'est pas moi qu'il faut convaincre.

— Justement. Votre jeunesse, votre liberté d'esprit. Vous n'êtes pas encore enfermée dans les réflexes de vos aînés.

Marie-Vincent esquissa un léger pas en arrière.

— Vous y allez un peu fort.

— Peut-être. Mais vous, au moins, vous écoutez encore.

Elle sourit légèrement.

— Heureusement, non ?

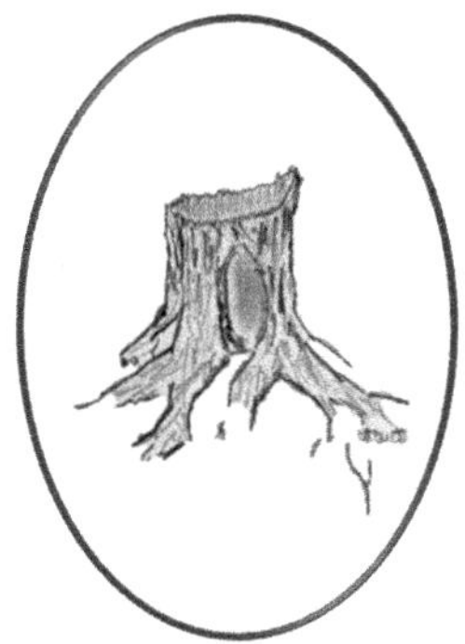

XI - ÉPECTASE(S)

Il était passé minuit. À la surface, le musée dormait dans un silence immobile. Mais dans la salle des collections, au sous-sol, les crânes poursuivaient leur étrange dévoilement.

Depuis plusieurs nuits déjà, ils s'éveillaient, chacun porté par sa propre rumeur intérieure, chacun chargé de blessures anciennes.

La température semblait chuter à mesure que les voix montaient. Des secrets longtemps enfouis dans les abîmes de la mémoire remontaient lentement vers la poussière du présent.

Soudain, une lueur traversa de nouveau le crâne de Ritter Schulz. Cette fois, elle lui rendit la mémoire qu'il réclamait depuis si longtemps.

— De nouvelles réminiscences me reviennent, soufflat-il d'une voix rauque, mêlant pudeur et ironie. Une étrange oppression m'enveloppe… Je ne saurais dire s'il s'agit de honte ou d'un reste de plaisir.

L'assemblée se figea. Chacun attendait, suspendu à cette révélation qui promettait d'aboutir enfin.

Ritter Schulz poursuivit :

— Je suis tombé dans le déshonneur, dit-il timidement, après une vie pourtant exemplaire. Qui l'aurait cru ? Ma fin fut brutale : une crise foudroyante, juste après qu'elle m'eut souri comme Cléopâtre.

On me transporta à l'hôpital, déjà sans souffle. Et puis plus rien. Pas même un adieu.

Il marqua une pause.

— Ma famille se hâta de disparaître dans l'ombre, redoutant la stigmatisation que mon nom risquait d'attirer. Les miens refusaient de porter le poids de ma chute.

Et moi, je suis resté là. Suspendu entre deux mondes. Sans honneur.

Hans Bauer, fébrile, intervint aussitôt.

— C'est bien, Schulz ! Nous approchons enfin de la vérité. Onambele Nkou doit parler. À travers lui, peut-être la science des crânes nous éclairera.

Il ajouta avec lassitude :

— Je refuse de pourrir ici, coincé entre les vivants et l'oubli. Je veux savoir ce que nous sommes devenus. Où nous sommes. Pourquoi.

Sans réponses, mon existence n'a plus aucun sens.

Onambele Nkou comprit que l'étau s'était refermé autour de lui. L'instant de se livrer était venu.

Il prit la parole, grave, brisé mais digne.

— Le jour où ma tête roula sur la terre de mes ancêtres, je mourus deux fois. Pas un cri. Pas un nom. Rien que l'humiliation. Plus personne ne parle de moi. Même là-bas, dans la région d'*Ongola*, au cœur du *Pays des Crevettes*. Plus personne ne mentionne mon sang ni la mare dans laquelle je suis tombé en défendant les miens. On retrouva mon corps à l'aube. Froid. Et tout s'effaça, comme si ma vie s'était dissoute dans un monde parallèle. Moi qui avais commandé des vaillants. Moi qui avais aimé. Moi qui avais crié.

Il poursuivit d'une voix plus basse :

— J'étais entouré. Mais à l'instant de ma chute, plus aucune garde. Aucun renfort.

Prince et guerrier, oui. Mais aussi le seul décapité et expédié jusqu'en Allemagne.

Et si l'on ne m'avait pas étiqueté par erreur « *Crâne Maka* », je ne serais aujourd'hui qu'un crâne banal parmi d'autres, oublié sur ces étagères.

Mvondo, impatient, intervint :

— Tu parles comme si ta mort possédait un éclat particulier. Mais tu n'es qu'un parmi tant d'autres. Un crâne de plus — parlant, certes — mais enfermé ici, comme nous tous.

Anicka Merkel coupa court :

— Voilà précisément votre erreur commune. Prince, guerrier, savant, artiste ou amant… nous ne sommes plus que des crânes.

Des crânes banals.

Des crânes respirants, haletants, hurlants… mais toujours chargés de fragments d'ego.

Elle se tourna vers Onambele Nkou.

— Que l'indifférence des tiens ne t'étouffe pas davantage. Continue. Raconte-nous ton histoire.

Ce dernier reprit :

— J'aurais préféré mourir autrement. Tomber sur le champ de bataille plutôt que d'être capturé et abattu comme une bête.

La vraie blessure, c'est la trahison faite à ma mémoire.

Vivre cela, c'est mourir deux fois.

La voix mêlée de Gene-Assembe-Azembe intervint alors :

— Il est vrai que l'on ne parle plus de lui. Le prince Kolo vendu aux Allemands. Pourtant, le quartier d'*Etoa Meki* continue, en silence, de porter le souvenir de cette tragédie.

Mais la trahison des siens colle à la peau plus longtemps que la mort.

Mvondo reprit, faussement grave :

— Être trahi par les siens, voilà le pire pour un brave. Tu sais, Onambele Nkou, les chutes viennent souvent de ceux que l'on aime le plus. Comme cette femme qui captura ton cœur au point de te faire oublier que tes ennemis te traquaient.

Anicka Merkel l'interrompit :

— Dis-moi, Onambele Nkou… as-tu réellement connu et aimé celle qui t'a trahi ?

— Je l'aimais de toute mon âme, répondit-il. Mais ce que je prenais pour de l'amour n'était que trahison.

C'est lorsque ma tête roula à terre — alors que mon corps continuait de se débattre — que je compris l'irréversible.

Sous les étagères, plusieurs crânes jusque-là silencieux s'animèrent.

— Que s'est-il passé ? dirent-ils à l'unisson. Raconte ton histoire. Puis révèle-nous la science des crânes.

Trêve de détours !

Onambele Nkou reprit :

— Pour résister aux Allemands, il nous fallait une organisation sans faille. Leurs armes crachaient la mort. Nous, nous devions puiser dans l'intelligence du territoire et la sagesse des ancêtres.

Les guerriers quittaient le village et se fondaient dans la brousse. Beaucoup offraient leur vie pour protéger les leurs.

En tant que prince, mon père — le chef — m'avait confié une cachette imprenable : *Adumiteré*.

Hans Bauer l'interrompit.

— *Adumiteré* ? Je n'ai jamais entendu ce nom.

— Et le *Dum*, connais-tu le *Dum* ? demanda Onambele Nkou.

— Non.

— Le *Dum* est un géant. Un arbre colossal de nos forêts. Certains le confondent avec le baobab, mais ils se trompent.

Le Dum — que d'autres appellent le fromager équatorial — est un arbre-monde.

Quand il atteint sa maturité, il s'ouvre.

Une porte apparaît dans son tronc. Derrière elle s'étend un univers caché.

Nos ancêtres y enfermaient les futurs chefs durant neuf jours. Là, ils recevaient l'enseignement des anciens.

Pendant les guerres, les guerriers y déposaient leurs lances avant la bataille.

On y vivait. On s'y cachait. On s'y formait.

C'est là que j'établis mon refuge.

Il marqua un silence.

— Mais j'étais jeune.

Amoureux.

D'une fille du clan voisin : Nyangono.

C'est à elle que je révélai ma cachette.

Durant deux mois, ce fut un rêve. Elle me rejoignait au crépuscule. Elle chantait. Elle riait.

Sa présence effaçait la guerre.

Mais un jour — un jour où le ciel pesait comme une pierre — je revins à *Adumiteré* après un assaut contre les positions allemandes.

Nyangono arriva peu après.

Je compris immédiatement que quelque chose s'était brisé.

Un instinct me serra comme un étau.

Et soudain, des voix. Des pas. Des bottes.

Ils encerclaient l'arbre.

Je n'eus même pas le temps de crier.

Les balles traversèrent mon corps.

Un souffle funeste parcourut alors la pièce.

Gene-Assembe-Azembe murmura :

— On dit pourtant que les tiens t'ont trahi…

Jens Tobler, impatient, lança :

— Peut-il enfin terminer son récit ?

Onambele Nkou répondit :

— Tout s'est joué entre vingt-deux heures et trois heures du matin. En errant dans la mare de mon propre sang, j'entendis au lever du jour une rumeur : une femme m'avait livré aux Allemands.

Les griots chantaient que Hans Dominik avait conquis le cœur de Nyangono.

Qu'elle était devenue sa maîtresse.

Et qu'avec l'aide de quelques traîtres de mon clan, elle m'avait livré.

On me retrouva. On me cribla de balles. On me décapita.

Jens Tobler lança alors :

— Mais enfin… parlait-elle seulement allemand ?

Toute cette trahison… résumée à une conquête de lit entre un maître blanc et une indigène ?

Anicka Merkel se redressa :

— Depuis quand faut-il parler la même langue pour finir dans le même lit ?

Elle fixa Tobler.

— Tes insinuations commencent à m'insulter.

Onambele Nkou resta immobile, presque lunaire.

Puis il murmura :

— Ce que je regrette le plus… ce n'est pas la trahison.

C'est ma propre désobéissance.

Mon père m'avait averti :

« Ne révèle jamais ton refuge. À personne. »

Et pourtant…

XII - LIBATION !

L'après-midi du huitième jour des ateliers de restitution, au numéro 30 de la Bertoldstraße, baignait dans une atmosphère de légèreté.

Marie-Vincent, Richard et les bénévoles se sentaient bien. Une étape venait d'être franchie : celle du confort.

Il devenait plus facile d'aborder les passants avec un sourire, d'accueillir les refus sans heurt, d'échanger quelques mots empreints de gentillesse.

Pour Marie-Vincent, ces instants prenaient la forme d'éclats d'humanité. Partagés, suspendus, parfois inattendus.

Jour après jour, ces échanges simples nourrissaient une confiance nouvelle. Plus de onze personnes avaient déjà accepté de se prêter à l'exercice : pour la plupart des étudiants, de jeunes travailleurs, et quelques Africains.

Les plus âgés restaient discrets. Les sexagénaires étaient rares, et plus rares encore les personnes d'un âge avancé prêtes à franchir leur réserve pour entrer dans le jeu.

Pourtant leur intérêt, bien que silencieux, demeurait palpable.

Ils ne figuraient pas dans les bilans, mais leur présence comptait. Pour Marie-Vincent, ces regards muets constituaient un encouragement discret, mais profond — une source réelle de motivation.

Elle espérait que son équipe le ressentait ainsi.

Demain serait le neuvième et dernier jour.

Déjà une pensée s'insinuait.

Pouvait-on rêver mieux ? N'y avait-il pas là, déjà, une forme de victoire ?

Il avait fallu du temps, du courage, de la patience et surtout une immense humilité, pour faire accepter ce projet, autant dans le département universitaire qu'au sein de la ville.

L'humilité, justement, la travaillait.

Elle tentait de la comprendre, de l'habiter, de l'apprivoiser. Pour elle, cette vertu demeurait impossible à maîtriser pleinement : on ne pouvait que l'approcher, parfois l'effleurer.

Elle la comparait souvent à la patience.

Une patience qui, parfois, sonne creux, surtout lorsqu'on se croit armé pour foncer.

Et pourtant, c'était bien elle — l'humilité — qui les avait conduits jusque-là.

Isabelle, Michael, Anaïs, Sarah et Meli, les bénévoles, passaient désormais l'essentiel de leur temps à l'extérieur, loin des tentes écrasées par un soleil de plomb. On les retrouvait sur les longues rangées de bancs, à l'ombre bienveillante des platanes centenaires.

Et personne ne semblait s'en plaindre.

La véritable attraction du jour se trouvait de l'autre côté de la voie du tram, là où se dressait le théâtre de Freiburg.

Séparé de l'esplanade de l'ancienne synagogue par des rails et des pavés brillants comme du verre, il en constituait le cœur vibrant.

Une petite scène musicale — semblable à celles qui fleurissent à la belle saison — donnait le ton. Les musiciens, encore timides mais attachants, diffusaient une énergie légère, sans troubler l'équilibre tranquille de l'après-midi.

Des groupes bigarrés défilaient, joyeusement désordonnés.

De l'autre côté de la place, des enfants riaient en éclaboussant leurs parents d'eau fraîche.

Entre le théâtre et l'esplanade de la synagogue, la foule circulait — avide, vivante, joyeuse.

À dix-sept heures, tandis que les ateliers s'achevaient, Marie-Vincent convoqua une réunion d'évaluation à mi-parcours avec le professeur Andreas Karl.

Figure centrale du programme, architecte en chef des restitutions allemandes.

Initialement prévue deux jours plus tôt, la réunion avait été repoussée à plusieurs reprises tant le professeur était sollicité. Il faut dire que cet universitaire infatigable, directeur d'un institut de recherche, connaissait peu le repos.

Depuis quatre ans, il sillonnait inlassablement le *Pays des Crevettes*, convaincu qu'il fallait sensibiliser les autorités à la nécessité de recevoir les *Crânes Maka* — et bien d'autres artefacts.

Malgré l'indifférence ambiante et la méfiance persistante, il s'accrochait.

Avec l'aide d'un confrère travaillant dans l'ouest du pays, il avait récemment provoqué la création d'une commission dédiée.

Un mince espoir, certes, mais réel.

Parviendrait-elle à concilier les intérêts allemands et ceux du pays d'origine ?

Pour Andreas Karl, une seule chose comptait : rendre ce qui devait l'être.

Pas question de tergiverser. Son collègue local se montrait tout aussi inflexible : les crânes devaient être restitués sans condition.

L'accusation d'ingérence — déjà entendue, anticipée — figurait presque en annexe du discours de culpabilité adressé aux Allemands.

Mais cette fois, les choses semblaient bouger.

Son ami africain avait su ouvrir les voies du dialogue.

Le gouvernement du *Pays des Crevettes*, désormais plus attentif, amorçait de timides pas vers une décision historique.

Mais rien ne se passerait ici comme au Ghana ou au Sénégal.

Car « le *Pays des Crevettes* est le *Pays des Crevettes* », disait-on là-bas.

Il a sa propre manière de faire.

Pour Marie-Vincent, peu importait que ces crânes retrouvent leur terre d'origine si cela devait, pour finir, remplir les poches d'un régime en difficulté.

Andreas Karl appartenait à cette génération de chercheurs persuadés que ces objets devaient impérativement retourner à leur source.

Comme certaines œuvres d'art juives après la Grande Guerre.

Entouré d'universitaires influents, il croyait profondément que cette restitution constituerait une libération morale pour la conscience allemande.

Marie-Vincent, elle, nourrissait d'autres inquiétudes.

Elle redoutait que la perte de ces objets — au-delà de leur valeur patrimoniale — ne représente aussi une perte symbolique pour l'humanité tout entière.

Une fois rendus, que deviendraient-ils ?

Serait-il question de les restituer aux communautés qui avaient subi ces décapitations ? Ou de les exposer à nouveau, figés dans une vitrine du musée national de la capitale ?

Les infrastructures seraient-elles adaptées à leur conservation ?

Sa grande crainte rejoignait celle que beaucoup partageaient en Occident à propos de l'Afrique : la corruption.

Le pays traînait une réputation tenace.

Répertorié à plusieurs reprises parmi les plus corrompus du monde, il avait même figuré, quelques années plus tôt, en tête de certains classements.

De quoi rendre tout processus de restitution périlleux.

Et si, une fois revenus, ces objets sacrés étaient bradés pour une bouchée de pain ?

S'ils étaient vendus, comme tant d'autres trésors culturels avant eux ?

Ou s'ils disparaissaient aussitôt remis en circulation ?

Marie-Vincent soupira.

Ici, il ne fallait parfois qu'une étincelle pour rallumer le feu.

On demandait réparation — mais on redoutait la vérité.

Entre l'Europe et l'Afrique, les raisons différaient.

Andreas agissait peut-être aussi pour des raisons plus intimes : une forme de guérison intérieure.

Un engagement viscéral l'empêchait de lâcher prise.

Quelles que soient les accusations d'ingérence, il avançait.

Pour lui, comme pour Rodrigue Balla, mieux valait être accusé d'agir que de rester immobile.

Ironique, Marie-Vincent secoua la tête.

Puis elle rejoignit Richard, Andreas et les bénévoles pour un apéro — ou peut-être une promenade vers le *Seepark*.

Vers dix-neuf heures trente, elle les trouva déjà installés à une table, près de l'espace d'accueil.

Andreas affectionnait particulièrement ce vaste lieu de trente-cinq hectares, mêlant verdure et plans d'eau.

Le soleil avait adouci sa lumière.

D'un côté, la vue s'ouvrait sur le lac et ses sentiers.

De l'autre, un jardin japonais soigneusement intégré, orné d'une cascade artificielle construite en 1989, offrait un spectacle délicat.

Après quelques échanges cordiaux, le politologue allemand écouta attentivement Marie-Vincent et son équipe.

Tous lui firent un rapport oral : anecdotes, émotions, difficultés.

À mesure que les récits s'enchaînaient, Andreas comprit que le moment était venu de parler.

Il évoqua d'abord son récent séjour au *Pays des Crevettes*.

Il raconta avoir été touché par l'hospitalité et la bienveillance des habitants, tout en restant prudent face au fonctionnement des institutions.

Certaines choses l'avaient surpris.

D'autres l'avaient fait taire.

Autour de la table, chacun sentait qu'il marchait sur des œufs.

Le moindre mot mal interprété pouvait compromettre le processus.

Mais Andreas persistait.

Pour ne pas trop en dire, il déboucha une bouteille et servit le vin.

Marie-Vincent le regardait avec tendresse.

Elle aimait cet homme comme un père : mûr, rassurant, discret.

Sans lui, rien de tout cela n'aurait été possible.

Elle lui adressa un sourire qui disait tout.

Mais très vite, la lourdeur administrative allemande et l'ambivalence des intentions du *Pays des Crevettes* revinrent hanter la conversation.

Marie-Vincent s'impatienta.

Elle s'ennuyait un peu.

Alors elle envoya un SMS à Rodrigue Balla.

La réponse la fit sourire.

Un déclic.

Une idée.

Enthousiaste, elle prit la parole :

— S'il vous plaît, Andreas, et vous tous… je vais transgresser un instant les usages. Mais rassurez-vous : c'est pour une bonne cause.

Plutôt que de trinquer immédiatement, je vous propose de commencer par une libation — comme le veut la coutume *Maka* — en mémoire des crânes *Maka.*

Elle remplit son verre et versa quelques gouttes au sol.

— Pour eux. Et pour ce qu'ils représentent. Je le fais avec l'aide de quelqu'un qui vient de là-bas.

Andreas hocha la tête.

— Excellente idée. Et si nous le faisions tous ensemble ?

Tous levèrent leur verre.

— Aux ancêtres *Maka* ! dirent-ils presque en chœur.

Andreas ajouta doucement :

— Puissent-ils nous ouvrir le chemin qui les ramènera chez eux.

Un court silence suivit.

Ni pesant, ni triste.

Un silence habité.

Et dans ce silence, quelque chose semblait s'aligner.

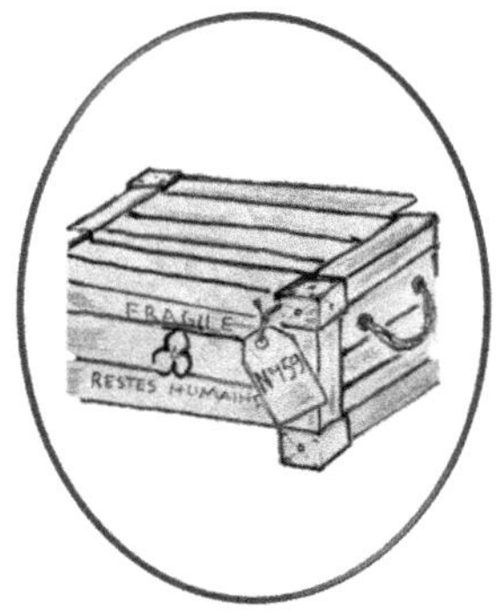

XIII – COHABITATION

Sous l'effet immédiat de la libation, les crânes de la collection Alexander Ecker s'agitaient de plus belle. Leur étrange verve se fit plus vive encore, leurs échanges presque aussi vifs que les souvenirs de leurs existences humaines. Le vent qui traversait cette assemblée ossuaire charriait désormais des vapeurs ancestrales, porteuses de la promesse de percer, enfin, les mystères de la science des crânes.

Dans cette quête, un nom se détachait : Onambele Nkou, l'érudit de circonstances, le clerc, le passeur de savoirs arrachés à la force des choses.

— À présent qu'Onambele Nkou a fini de nous livrer son épopée presque prométhéenne, lança Jens Tobler, ironique, quelqu'un pourrait-il m'expliquer pourquoi ce sont les *Crânes Maka* qui monopolisent la parole dès qu'il s'agit de la science des crânes ? Ou s'agit-il encore de réciter les dogmes poussiéreux de la craniologie et de la craniométrie d'il y a un siècle ?

À la suite de cette énième interpellation sans détour, Hans Bauer, probablement aussi impatient que la plupart des crânes, fit entendre sa voix comme une annonce de ce qui allait suivre.

— Ce que tu ignores, dit-il à Jens, c'est que vivre ici, c'est réapprendre à connaître les crânes — les nôtres, les leurs — comme les véritables éclaireurs de notre monde. Les souffles des *Maka* et du *Kolo* n'ont jamais quitté leurs cavités. Ils ont survécu à la décapitation, à la traversée de l'Atlantique, et sont restés habités pendant tout ce temps.

Pendant plus d'un siècle, ils ont observé, spéculé, émis des hypothèses — parfois même les ont confirmées. Leur science ne cherche pas à plaire mais à nous armer : à nous offrir les clés de la porte entre les vivants et les morts.

Une porte qui, pour nous, hélas, demeure scellée depuis trop longtemps.

L'accès aux Champs Élysées, ou à toute autre région située au-delà de l'entre-deux des mondes, semble désormais conditionné par ce qui nous relie encore aux vivants...

— Il n'en demeure pas moins vrai que chacun d'entre nous vécut autrefois sa vie selon ses vents et ses courants propres, releva, pensive, Anicka Merkel. Mais si Onambele Nkou doit nous parler de la science des crânes, pourquoi ne pas commencer par le commencement ? J'aimerais qu'on m'explique la typologie des crânes — qu'on me dise sur quelle base cette science repose, ce qui a été observé, relevé.

Un battement sourd résonna au fond de la pièce, comme un tambour étouffé. C'était une réminiscence cérémonielle, née du fait qu'Onambele Nkou s'était, en partie, libéré de ses regrets en se livrant. Pour cette reprise de parole, on aurait dit que son ancien statut de prince *Kolo* avait été furtivement convoqué.

Il souffla avec sérénité, presque à voix basse :

— La véritable science des crânes ne peut être qu'expérientielle, édictée par eux-mêmes. Elle ne s'apprend pas dans les livres des vivants. Craniologie, craniométrie : ces mots ne nous concernent plus. Derrière le voile de la vie, nous avons notre propre loi.

Cette loi distingue trois types de crânes, selon la manière dont ils ont quitté le monde des vivants.

Nous, par exemple, sommes les Crânes de mort : décapités au combat ou à l'ombre d'une embuscade. C'est la volonté de tuer qui nous a arrachés à la vie. Un crâne erre hors de sa tombe parce que son destin a été brisé par une volonté plus forte, plus rusée.

— Pour les Crânes de mort, je l'avais deviné, l'interrompit Ritter Schulz. Qu'en est-il des deux autres types ?

— Ce sont les Crânes de bonne volonté et les Crânes indifférents, répondit Onambele Nkou, avec la même solennité.

— À mon tour de deviner ! s'empressa Anicka Merkel. Les Crânes de bonne volonté, ce sont ceux qui ont offert leur corps à la science, n'est-ce pas ?

— C'est cela même, reconnut Onambele Nkou. Ceux qui, comme toi, ont choisi d'être offerts à la science avant de mourir.

— Moi, je l'ai fait par amour, précisa Anicka Merkel, à la limite de l'irritation. Pas pour la science.

— Et les Crânes indifférents, alors ? demanda Jens Tobler, pressant.

— Ceux-là, répondit Onambele Nkou, se moquaient bien de ce qu'on ferait d'eux. Ils ne regardaient pas vers le monde des vivants au moment de leur mort — même s'ils ne dédaignaient pas, eux non plus, qu'on se souvienne d'eux.

Un souffle lointain, sifflant et rageur, monta des crânes entassés :

— Est-ce moi que vous osez juger ? lança-t-il, visiblement piqué. Vos sciences, vos nostalgies, que m'importe ? Je suis ici malgré moi, et j'en sortirai de même. Ni vous, ni les vivants ne m'intéressent. Alors taisez mon nom, effacez-moi de vos débats. Qui ne dit rien ne consent pas : il s'en fout.

— Il a raison, lâcha Jens Tobler, amer. Vos catégorisations ne me définissent pas. Je me suis donné la mort. Selon vous, cela ferait de moi un Crâne de mort. Pourtant, mon bien-aimé a offert mon corps à la science. Alors suis-je ici de bonne volonté ? Et aujourd'hui, je n'attends plus rien de ce monde qui m'a rejeté. Indifférent ? Oui.

Alors quelle case me reste-t-il ?

— Aucune. Tu es l'exception qui confirme la règle, répondit Myondo, sec et ironique.

— Saviez-vous seulement que vous cohabitiez avec des crânes comme moi ? ironisa Jens Tobler. Hans excepté, vous êtes les seuls ici à avoir été tranchés, exposés comme des trophées.

Comme une mélodie pénétrante, au-delà des clivages que semblait instituer la science des crânes, la voix mêlée de Gene-Assembe-Azembe résonna, mélancolique :

— Chercher des différences entre crânes… quelle vanité. Sur la terre des vivants, nous nous sommes haïs pour des nuances de peau. Aujourd'hui, nos os blanchis disent l'essentiel : sous la chair, nous étions tous pareils.

Un silence s'étira, lourd de sens.

— Pourrions-nous revenir à Onambele Nkou ? demanda Ritter Schulz, anxieux. Avant qu'un coup de vent ne nous réduise au silence, je veux savoir : où sommes-nous exactement ? Quel musée, quel pays nous expose encore comme des curiosités ?

— L'*Unimuseum*, répondit Onambele Nkou, d'une voix mécanique. Collection Alexander Ecker. Niveau −3. Université de Freiburg-en-Brisgau. Allemagne. Des cartons. Des étagères. Voilà.

— L'Allemagne ! souffla Hans Bauer, avec une joie d'enfant. Je le savais. Mon pays ! Mais qui est ce Ecker ? Un nouveau maître pour nos crânes enchaînés ?

— Un autre nom, une autre étiquette, murmura Onambele Nkou, las. Ou une épitaphe. Et pourquoi pas en faire le nom de notre clan, ou de notre tribu ?

— L'Allemagne… Quelle ironie ! s'exclama Jens Tobler. Moi qui espérais ne jamais y revenir.

— Nos restes sont en Allemagne, reprit la voix mêlée de Gene-Assembe-Azembe, éthérée, presque lointaine. Pas nous.

— Et nous y voilà, souffla Ritter Schulz, épuisé.

Ça recommence…

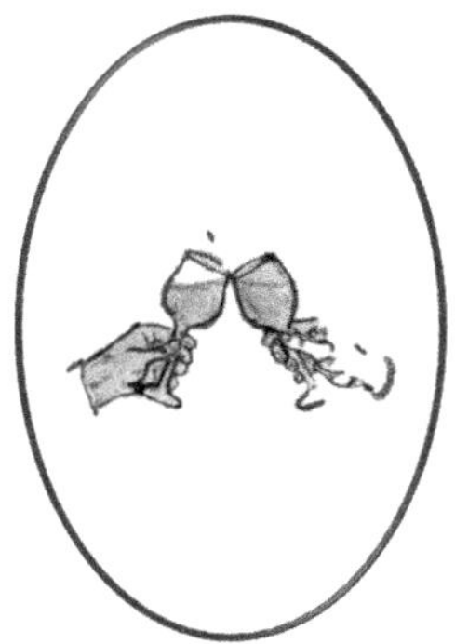

XIV - L'AGAPE

C'est au bras de Rodrigue Balla que Marie-Vincent fit son entrée, accueillie avec faste à l'hôtel Stadt. Quatre convives les y attendaient, parmi lesquels Richard, toujours enjoué à l'idée de partager de bons moments. Tous avaient revêtu leur tenue de soirée.

Le décor, somptueux, resplendissait : miroirs étincelants, tapis d'Orient chatoyants, salon opulent magnifié par les puissants jets d'eau visibles depuis les jardins. La soirée s'annonçait grandiose, point d'orgue d'une neuvaine aussi singulière qu'exigeante.

Dans cette perspective, l'invitation de Monsieur Groux faisait figure de touche finale à un tableau soigneusement composé, presque providentiel. Ce dernier se réjouissait d'ailleurs de la présence d'une jeune et brillante compagnie universitaire, même si ses motivations à lui semblaient d'un tout autre ordre.

La réception se tenait dans une salle majestueuse, perchée au troisième étage du bâtiment. Par la vaste baie vitrée s'offrait une vue imprenable sur les jardins, les fontaines et les sculptures monumentales en plein air. Tout avait été pensé avec une minutie rare, jusque dans les civilités échangées dès l'arrivée des invités.

Monsieur Groux se faisant attendre, son frère Chavanne arriva plus tôt, accompagné de son épouse Lucie et de leurs enfants, Sophie et Adrien. Tous se distinguaient par une courtoisie exemplaire et une bienveillance sans affectation. Chavanne, esthète passionné, collectionnait l'art dans ses heures libres, un goût qu'il partageait volontiers avec sa fille.

Sophie et Adrien, bien que nés après l'an 2000, impressionnaient par leur maturité et leur aisance. Curieux, vifs d'esprit, ils connaissaient les itinéraires complexes des œuvres parties d'Afrique pour finir dans les musées occidentaux. Mieux encore, ils maîtrisaient la législation sur le sujet et, le moment venu, sauraient sans doute en devenir les avocats.

Les hôtes, tantôt rassemblés devant la baie vitrée, tantôt absorbés dans leurs conversations, un verre à la main, échangeaient avec une légèreté feutrée. Rodrigue Balla et Richard se taquinaient, se lançant des plaisanteries comme à chaque fois que le hasard les réunissait.

L'arrivée de Monsieur Groux, au bras de son épouse, apporta une solennité nouvelle à la réception.

— J'espère que votre dernière journée d'atelier s'est bien achevée, dit-il en tendant la main à Marie-Vincent avec un large sourire.

— C'était une neuvaine magnifique, répondit l'universitaire suisse. Merci de nous avoir conviés dans un si bel endroit. Je vous présente mon compagnon, Rodrigue Balla.

— De quelle origine êtes-vous, monsieur Balla ?

— Du *Pays des Crevettes*, monsieur, répondit Balla avec une courtoisie assurée.

La conversation s'orienta bientôt vers Akono, ville natale de Rodrigue, et vers les projets de musée évoqués par leur hôte. Les souvenirs d'enfance de Balla firent surgir les images d'un village autrefois animé par les projections de films et les rencontres avec les missionnaires.

La grande table, somptueusement dressée, resplendissait de vaisselle fine et de chandelles dorées. En entrée, les convives savouraient des salades fraîches du verger de l'hôtel, relevées d'un filet de vinaigre balsamique et d'huile d'olive locale.

Un rôti de bœuf, saisi à la perfection, mijotait au cœur de la table, accompagné de pommes de terre et de légumes rôtis. L'arôme qui s'en dégageait emplissait la pièce et éveillait la gourmandise.

En dessert, une superbe tarte aux fruits de saison fut servie, accompagnée d'une boule de glace à la vanille bourbon.

Marie-Vincent avait le cœur qui battait la chamade. Entre le vin rouge du dîner, le cocktail de l'apéritif, et maintenant cet Irish coffee fumant, elle ne pensait plus qu'au moment où elle se retrouverait enfin dans les bras de Rodrigue.

Pourtant, derrière l'apparente convivialité, une tension plus insidieuse flottait dans la pièce. Tout le monde semblait attendre que Monsieur Groux prenne la parole pour conclure la soirée.

Hier encore, cette idée la faisait sourire. Ce soir, elle lui laissait un goût amer de contrôle et de condescendance.

Elle ignorait si leur hôte appartenait à cette caste de collectionneurs fortunés qui s'entourent d'universitaires pour le simple plaisir de s'écouter briller, ou s'il était sincère, soucieux de dialogue.

Elle ne sut le dire.

Mieux vaut, pensa-t-elle, rire que de se méprendre.

Mais un doute persistait.

Pourtant, quelle soirée ! À ses côtés, les bénévoles semblaient comblés ; dans la salle, la compagnie singulière de Jean-Yves Groux et de sa famille ajoutait au charme du moment.

En vérité, elle valait bien toutes celles, plus officielles, qu'elle aurait pu organiser pour clore les ateliers en restitution.

Et puis, comment nier l'impact symbolique de cette rencontre ?

Ce dialogue sous-jacent entre collectionneurs et chercheurs, ces discussions sur la mémoire et la justice, ouvertes enfin au public allemand et européen depuis neuf jours ?

XV - LA PHILIE

*A*ppuyé sur la rambarde du balcon qui jouxtait le petit salon, Chavanne alluma sa pipe et en tira de longues bouffées. C'est dans cette atmosphère calme que son frère aîné, Jean-Yves Groux, fit son entrée dans l'arène intellectuelle, bien décidé à affronter les « démons » des restitutions du patrimoine africain.

— Quand je vous observe, déclara-t-il en fixant son interlocutrice, je constate la sincérité de vos convictions. Et c'est une qualité que j'admire. Mais, franchement, n'avez-vous pas conscience que vous alimentez — peut-être sans le savoir — une manœuvre politique creuse, un simple outil du *soft power* parisien ? Je trouve dommage qu'un engagement si fort serve un projet sans réelle portée. À mes yeux, la restitution que vous défendez n'est rien de plus qu'un simulacre. Une opération symbolique sans conséquence concrète. Une supercherie morale, juridique et patrimoniale.

— Monsieur Groux, rétorqua Marie-Vincent avec calme et fermeté, je ne peux pas vous laisser dérouler de telles assertions sans réagir. Je rejette totalement cette idée. Ni mes collègues ni moi ne sommes les instruments d'un quelconque jeu politique. Nous agissons en conscience, dans un cadre scientifique et éthique.

— Ne le prenez pas personnellement, Docteure, reprit l'interlocuteur en haussant les épaules. Mais dites-moi honnêtement : ce projet politique fait-il vraiment sens ? Quelle est son utilité ?

— Il en a une, et elle est essentielle, répondit-elle aussitôt. N'insultez pas nos efforts. Ce que nous entreprenons, c'est une tentative sincère de réparer ce que notre époque ne peut plus justifier. Il s'agit de poser les bases d'une nouvelle éthique dans nos relations à l'Afrique, de reconnaître un passé de spoliation que l'on a trop longtemps ignoré.

Elle le regarda avec intensité avant de poursuivre :

— Du point de vue académique, il est primordial de questionner les origines des œuvres et des restes humains exposés dans nos institutions. Comprendre comment ces objets ont été obtenus, dans quelles conditions. Oui, cela dérange. Oui, cela expose des vérités inconfortables. Mais détourner le regard est un choix Et moi, je choisis la lucidité. Je choisis de parler.

Ne me dites pas que ces restitutions aux Africains sont inutiles. Les nouvelles générations en ont besoin pour reconstruire leur mémoire, pour retrouver leurs repères. Et de toute façon, ces objets, chez nous, ne sont plus que des colis embarrassants. Tout pousse aujourd'hui à leur retour.

— Je vous réponds que même l'enfer est souvent pavé de bonnes intentions, rétorqua l'hôte avec une pointe d'ironie.

— N'oublions pas que nous avons affaire à de jeunes gens, glissa alors l'une des dames Groux. Tu y vas un peu fort, Jean-Yves…

— Ce sont des universitaires, trancha Chavanne. Ils sont venus ici pour se faire leur propre opinion. Mais il faut bien, à un moment, ouvrir le débat.

Rodrigue, jusque-là resté en retrait, prit calmement la parole.

— Je trouve vos questions pertinentes. Mais je dois reconnaître une chose : les musées d'un pays reflètent l'âme de sa culture. Ils en racontent la mémoire profonde.

Prenons un exemple : les *Crânes Maka.* Aucun peuple ou culture chez nous ne tolérerait l'exposition d'un crâne d'ancêtre.

Chez nous, un crâne repose dans la terre. Il ne trône pas sous la lumière froide d'un musée.

Et pourtant, je perçois que les restitutions, lorsqu'elles se font, ont un impact réel. Certaines de mes connaissances parlent même de « restitution de la dignité ».

Et pour moi, le simple fait que l'on ose enfin nommer ces choses est déjà une victoire. La liberté, c'est un saxophone : parfois dissonant, toujours vibrant.

Le ton montait, l'agape devenait joute, les masques semblaient tomber.

Rodrigue se redressa, visiblement piqué :

— Cependant, certaines choses entendues ne peuvent pas être ignorée. On justifie encore les pillages par l'ethnologie, comme si voler devenait légitime dès qu'un «

savant » observe. Mais ce ne sont pas des prélèvements scientifiques : ce sont des actes de prédation.

Un silence parcourut la salle, lourd.

Marie-Vincent prit à nouveau la parole :

— Nommer le problème, c'est déjà refuser qu'on continue de le travestir.

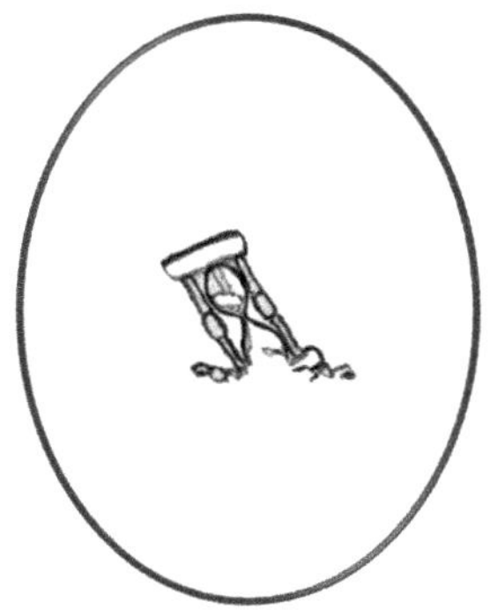

XVI - ALÈTHEA[2] ?

« Restituer, selon le dictionnaire, c'est rendre ce qui a été pris ou possédé de manière injuste ou illégale, reprit Monsieur Groux d'une voix ferme. Autrement dit, lorsqu'on parle de restituer des œuvres d'art, il s'agit bien de les rendre à leurs véritables propriétaires. Mais le problème, voyez-vous, c'est que ce sont les États africains nés de la décolonisation qui réclament ces objets. Or, à l'origine, ces œuvres appartenaient à des familles, des clans, des villages — pas à ces États dessinés à la hâte sur une carte à Berlin, en 1884.

Résultat : leurs revendications sont juridiquement fragiles. On se retrouve dans une situation absurde où l'État qui se prétend spolié devient, à son tour, un nouveau spoliateur. »

Rodrigue, resté jusque-là silencieux, releva calmement la tête.

---

2 Grec. Objectivement, ce qui est vrai quelle que soit la considération

— Ce que vous dites est intéressant, concéda-t-il. Mais à vous entendre, on dirait que ces restitutions ne sont pas légitimes. Pourtant, en y regardant de plus près, la question est capitale. C'est même un symbole fort : celui d'un *soft power* français en Afrique. Ce n'est sans doute pas un hasard si, au même moment, la Chine et la Russie s'imposent comme les nouveaux partenaires des anciennes colonies.

Peut-être que le président français, en relançant ce débat, n'a pas agi par naïveté, mais par stratégie : susciter une émotion politique pour ranimer des liens économiques malmenés…

— Ce serait alors une manœuvre subtile, admit Marie-Vincent. Ne soyons pas pessimistes sans preuves. Les Français font ce qu'ils veulent avec leurs anciennes colonies, mais ici nous sommes en Allemagne, et les Allemands voient les choses autrement…

— Justement, intervint Chavanne. Expliquez-moi alors pourquoi les Allemands ne restituent pas selon le même principe qu'après l'Holocauste ? Les œuvres spoliées par les nazis ont bien été rendues aux familles, pas aux États. C'est plus cohérent, non ?

Rodrigue, le ton ironique, étouffa un rire bref.

— Comme on dit chez nous, les affaires africaines sont toujours traitées… à part.

— Le mot pillage me dérange aussi, reprit l'hôte, visiblement agacé.

— Et pourquoi donc ? Votre honneur d'Européen se froisserait-il à l'idée que ses ancêtres aient volé des artefacts africains ? lança Marie-Vincent d'un ton moqueur, invitant son interlocuteur à préciser sa pensée.

— C'est plus complexe, docteure, répondit Groux en se redressant. Si l'on revient aux faits, les premières collectes de masques et de statues — longtemps considérées comme de simples objets ethnographiques — ont eu lieu à une époque où elles n'avaient aucune valeur réelle.

On avait construit, et cela est regrettable, l'image d'une Afrique sauvage, ce qui permettait de justifier la fameuse « mission civilisatrice » de la France. Ce n'était pas de la recherche, mais de la propagande : une stratégie pour convaincre les contribuables et rentabiliser les ressources coloniales.

— En effet, enchaîna Richard, sortant de son écoute attentive, ce que vous dites se reflète encore dans la manière dont les musées présentent ces objets. Ils sont classés par pays, par ethnie — une survivance du regard colonial. On réduit l'Afrique à un patchwork artificiel, en ignorant les liens entre les peuples.

Même les missionnaires, comme les Pères du Saint-Esprit dans les années 1930, filmaient les Noirs dans des postures infantilisantes.

— Tout à fait, admit l'hôte. C'était un moyen de lever des fonds : exotiser pour séduire. Forcément, masques et statues étaient perçus comme des curiosités, jamais comme de l'art à part entière. Seuls quelques artistes s'y intéressaient. En 1906, Derain et Vlaminck parlaient déjà, dans leurs lettres, du choc que ces œuvres leur avaient provoqué. Et Picasso, peu après, peignait Les Demoiselles d'Avignon, inspiré par ces influences venues d'Afrique.

— Vous parlez, observa Marie-Vincent d'un ton sceptique, comme si ces artefacts n'avaient de valeur que pour les Européens…

— Pas du tout, répondit calmement Groux. Au contraire. Dès les années 1920, certains artistes français avaient compris leur force. Mais à ce moment-là, l'Afrique subissait déjà les ravages de la colonisation. Les prêtres, les médecins, les enseignants imposaient leur modèle, leurs croyances. Les objets traditionnels devenaient honteux. Les familles s'en débarrassaient.

Rodrigue reprit la parole, la voix plus dure.

— C'est justement cela qui me choque, Monsieur Groux. Vous banalisez tout cela comme si c'était inévitable. Vous oubliez l'impact du système colonial sur les gens.

— Je suis du même avis, renchérit Richard. Toute cette violence, ces morts, des villages entiers effacés… On ne peut pas les gommer.

Un silence lourd s'installa.

— Exactement, fit Marie-Vincent en interrompant ce silence, le regard droit, presque perçant. Hors du contexte colonial, tous ces objets n'auraient jamais quitté l'Afrique. Ils n'ont pas été oubliés : on les a arrachés à ceux qui en avaient besoin pour exister.

Chavanne leva les yeux vers elle, un demi-sourire provocateur aux lèvres.

— Alors quoi ? demanda-t-il. On restitue tout d'un bloc, sans discernement ? Vous imaginez le chaos dans les musées ?

— Il faut au moins reconnaître la valeur de ce qui a été pris, rétorqua Richard, le regard planté dans celui de Chavanne. Pas seulement matérielle, mais spirituelle, culturelle.

— Le vrai problème, avança Rodrigue en observant tour à tour chacun des convives, c'est que derrière chaque restitution il faudra aussi parler de réparation.

— Les coupables doivent tout de même réparer pour attester de leur sincérité, non ? répondit Marie-Vincent, soutenant son regard avec gravité.

— Mais faut-il désigner un coupable ? demanda l'hôte, dans un calme maîtrisé, faisant jouer son verre entre ses doigts. Si c'est nécessaire, alors c'est le cours même de l'histoire qu'il faut juger : le progrès, la modernité, l'entrée de l'Afrique dans les musées, les expositions valorisant ses artistes…

— Encore faudrait-il dénoncer aussi les guerres, l'indifférence des élites africaines, l'abandon de leur propre patrimoine, lança Chavanne, ironique et impatient.

L'hôte posa alors une question, implacable :

— Dans plus de mille six cents musées à travers le monde, avez-vous déjà vu une collection signée d'un Africain ? Une seule ?

Personne, en Afrique, ne s'est lancé dans une grande entreprise de collection.

Richard répondit d'une voix ferme :

— Peut-être parce qu'on n'a jamais laissé ces peuples tranquilles. Les élites africaines n'ont pas eu le temps ni la liberté de s'approprier la notion de patrimoine.

— C'est une violence lente, ajouta Marie-Vincent. Que les objets aient été pris ou donnés, cela s'est toujours fait dans un contexte de domination.

L'hôte, pensif, leva les yeux vers le plafond.

— Alors pourquoi ne pas penser à un nouveau modèle ? Et si l'on confiait aux Africains eux-mêmes le soin d'écrire leur histoire, à leur rythme, sur leurs terres ?

— Peut-être, conclut Chavanne d'un ton apaisé. Mais à condition qu'on le fasse sans arrogance. Et que ce processus mène à quelque chose de durable.

Marie-Vincent se leva alors.

— Merci pour ce dîner intense, messieurs et mesdames. Il est tard, même si, en réalité, le vrai débat ne fait que commencer.

XVII - LE RENVOI

Dans le train qui les ramenait à Bâle, Marie-Vincent et Rodrigue n'évoquèrent presque plus le dîner auquel ils venaient d'assister, ni les gens qu'ils y avaient rencontrés. À cette heure avancée de la nuit, ils savouraient silencieusement leur chance. Seuls dans un wagon désert, bercés par le roulis discret du convoi, ils goûtaient un silence apaisant — non pas pesant, mais doux, comme un prélude à une nuit meilleure.

Les lumières extérieures zébraient les vitres, rapides éclats orangés ou bleutés, tandis que défilaient des entrepôts endormis et des rangées de pins sombres. Le grincement métallique des roues se mêlait aux cliquetis secs du rail, composant une berceuse mécanique. Marie-Vincent ferma les yeux. Le sommeil l'emporta — une glissade douce dans l'oubli.

La voix du steward, résonnant dans l'interphone avec un accent marqué, la tira de sa torpeur.

— On y est, chéri, dit-elle en s'étirant. Passons les douanes de *Basel Bad* à pied. Tu sais que j'aime marcher dix minutes avant de rentrer.

Pendant ce temps, dans les profondeurs du musée, les crânes de la collection Alexander Ecker poursuivaient leur quête muette. Il est vrai que la force de l'évocation avait déjà faibli, à cette dernière heure de la neuvième nuit. L'écho magique s'étiolait, presque imperceptiblement.

Hans Bauer et Ritter Schulz observaient cela avec nervosité.

Et si l'avenir leur échappait à nouveau ?

Et s'il s'avérait impossible à nommer ?

Les *Crânes Maka*, prétendument figures de savoir et supports de science, ne brillaient plus autant. Leur éclat semblait terni, comme s'ils avaient glissé de leur piédestal, relégués une fois de plus par cette même science occidentale. Onambele Nkou n'enseignait plus aux autres crânes. Tous frémissaient d'une incertitude accrue — celle d'un futur tout aussi vacillant.

Une voix, chuchotée, monta alors. C'était celle, mêlée, de Gene-Assembe-Azembe : la voix de deux femmes et d'un homme, ni tout à fait masculine ni pleinement féminine.

— On parle moins de nous, murmura-t-elle. Nos voix, nos souffles se disperseront bientôt. Il ne restera plus ici que nos ombres invisibles, nos âmes errantes. Mais pourquoi nous ont-ils rappelés, si ce n'est pour prendre de nous la parole et enfin nous écouter ?

Dans un soupir, la voix de Jens Tobler s'éleva à son tour, oscillant entre reproche, réalisme et mystique.

— S'ils avaient su faire cela, confia-t-il lentement, l'histoire de l'humanité ne serait pas un éternel recommencement. Quoique je n'en sois plus si sûr. À vrai dire, je ne sais même plus ce que je dirais s'ils nous donnaient vraiment la parole. Regardez-nous : même morts, nous ne savons pas davantage quoi faire de la vie.

Anicka Merkel intervint alors. Sans le vouloir, elle déplaça le centre d'intérêt des crânes.

— Une fois que j'ai repéré où nous étions, murmura-t-elle doucement, j'ai trouvé comment sortir, faire un tour en ville. Et c'est elle, Marie-Vincent, qui m'a aidée. Il ne m'a pas fallu grand-chose pour me connecter à elle : un éclat de foi, une image de doute, le souvenir d'un tumulte. Et hop — elle m'a conduite à travers Freiburg.

— On peut faire ça ? demanda Hans Bauer, intrigué. Et pourquoi n'as-tu rien dit ?

— Moi aussi j'aimerais sortir d'ici ! lança Ritter Schulz, piqué. Si tu sais comment, dis-le. Si tu as franchi l'espace qui nous retient, pourquoi garder le secret ?

— Voilà plus d'un siècle que nous ne pouvons-nous éloigner de nos crânes, laissa échapper Onambele Nkou d'une voix lasse. Quelle chance tu as eue, Anicka… pourrais-tu nous raconter Freiburg ?

— Je te rappelle que c'est toi qui devais nous ouvrir à de nouvelles possibilités avec ta science des crânes, répliqua Ritter Schulz, désabusé. Au lieu de cela, te voilà comme nous, à mendier un instant de vie parmi les vivants…

Comme pour dissiper cette rixe verbale — tissée de reproches et de culpabilité — Anicka Merkel reprit la parole. Elle reprenait à son compte les anciennes promesses de vie future de l'Assemblée des crânes.

— Je prends le relais, déclara-t-elle d'une voix calme. Laissez Onambele tranquille. Il est temps de parler de ce qui nous unit, car c'est là que se loge l'espoir — dans l'affinité. C'est notre unique passage, notre loi.

C'est l'affinité qui fonde la propriété, non au sens matériel, mais émotionnel : le lien. Celui ou celle à qui nous sommes connectés par une mémoire, une émotion partagée, un écho d'âme, est aussi celui qui permet à nos possibilités de se manifester.

— Je comprends vite, intervint Mvondo, jacasseur, mais il faut m'expliquer longtemps.

— Tout part d'une réminiscence, reprit calmement Anicka Merkel. Il suffit que vous vous souveniez d'un membre de votre famille, d'un ami, de quelqu'un avec qui vous partagiez une activité, des émotions, des souvenirs communs. Alors le passage s'ouvre automatiquement.

À cette révélation, un crâne anonyme d'une étagère inférieure lança d'un ton sceptique :

— Mais nos affinitaires sont sûrement tous morts, non ? Enterrés, incinérés… dissous !

Anicka Merkel ne le contredit pas. Elle poursuivit, doucement, déroulant sa perception des cycles et des voies de l'entre-deux des mondes.

— Ce n'est pas un problème. L'émotion née d'une réminiscence peut se transmettre à un être extérieur à votre lignée. En principe, cela fonctionne avec tout vivant. Il suffit qu'il porte des sentiments et qu'on y saisisse une affinité.

C'est ce que j'ai fait avec Marie-Vincent. Je me suis surtout connectée à son amour.

— Mais ce sera trop compliqué pour nous autres, gronda Mvondo, grave et résigné. On ne nous a jamais laissé découvrir les Allemands autrement qu'à travers leur violence. On ne nous a pas permis des affinités avec eux. L'amour ? N'en parlons pas. Ils n'ont rien voulu de nous — ni en vie, ni en mort. Et dans la mort, on choisit encore moins.

— Vous êtes retenus ici par une limite culturelle, trancha Anicka Merkel.

Un silence lourd s'installa. Même les os semblèrent se taire.

Puis Anicka reprit :

— Pour sortir, il vous faudra trouver une étudiante ou un étudiant africain. C'est la première clé. Mais il existe une autre porte, plus vaste, plus profonde : celle de l'universel. L'amour.

La vraie sortie commence quand on identifie l'élan intérieur, l'intention. En clair : qu'est-ce qui nous pousse à chercher une affinité, une propriété ?

— J'ai déjà entendu cette jeune femme, Marie-Vincent, confia Onambele Nkou comme flottant dans des réminiscences nouvelles. Il y a neuf mois, elle parlait du *Pays des Crevettes*, chez nous. Elle prévoit de nous y ramener, comme on le ferait d'un bol usité : on boit, puis on le jette.

— Vraiment ? Je croyais que vous vouliez rentrer chez vous, être enterrés près de vos ancêtres, observa Jens Tobler, aussi surpris que les autres.

— Mais pourquoi faire ? demanda la voix mêlée, cette fois tremblante, de Gene-Assembe-Azembe. Être de nouveau exposés dans des conditions pires qu'ici ?

Faute de dignité, il vaut mieux l'oubli.

— Nous ramener chez nous, reprit Onambele Nkou d'un souffle grave, ce n'est pas tout. Ce que nous voulons, c'est être sûrs d'être enterrés sur la terre de nos ancêtres. C'est la seule issue qui ait du sens. Eux savent ce qu'est l'au-delà ; ils sauraient nous guider hors de l'entre-deux des mondes.

— Alors explique-moi, demanda Jens Tobler, sérieux et compatissant : qu'est-ce qui vous dérange avec le retour des crânes *Maka* à leur terre d'origine ?

— Être exposé dans un musée, répondit Onambele Nkou, ce n'est pas rentrer. Ce n'est pas même être mort. C'est... rien.

Être enterré, oui.

Ou, à défaut, devenir une relique sacrée confiée à un *Kolo* digne, destiné à un grand destin.

Mais en vois-tu un seul prêt à sacrifier un sou pour cela ? J'en doute.

Ils nous retournent à nos origines, mais pas aux nôtres — aux leurs. À leur vision, à leurs descendants.

Mon chemin passe par mes ancêtres, pas par les vitrines.

— Et si vous commenciez par trouver une affinité ? suggéra doucement Anicka Merkel. Peut-être... l'amour ?

— Nous sommes les crânes Maka et le Kolo, répliqua Onambele Nkou. Vous croyez vraiment à une affinité entre notre monde… et celui des Allemands ?

— Il suffirait pourtant de cesser un instant de souffler sur ce qui nous divise, répondit Anicka Merkel. Il s'agit simplement d'observer ce qui nous rassemble.

— Après un siècle de silences, de dénis, de cicatrices laissées par la colonisation… après tant de violence… vous me dites que nous aurions en commun l'amour ? demanda Mvondo.

Que c'est là notre point de rencontre ? L'affinité, vraiment ?

Mais quand nous l'a-t-on montré, cet amour ? Pourquoi ne nous a-t-il pas été tendu avant la guerre, alors ?

Alors que l'étrange assemblée retenait son souffle, ce fut la voix mêlée de Gene-Assembe-Azembe qui répondit :

— Ce n'est pas la mort qui nous pèse.

C'est l'oubli.

L'absence de regard.

L'absence de considération.

Le silence des vivants.

XVIII - UN DERNIER APPEL

« Voilà trois jours exactement que leurs activités ont cessé, murmura calmement Onambele Nkou. Je le sens dans l'air — la tension retombe, les murs respirent différemment — et moi, il me faut déjà plus d'efforts pour maintenir mon souffle.

C'est une phase que nous connaissons bien, nous autres : celle où la mémoire s'efface, où les vivants se détournent. Nous avons été ramenés ici par la force d'une évocation, un appel ancien. Et depuis ce moment, j'ai compté : neuf mois, neuf jours, soixante-douze heures. Jusqu'à aujourd'hui.

Je crois que c'est terminé.

Ne soyez pas surpris si vous ne parvenez plus à vous manifester. Si votre voix faiblit, si votre présence vacille — peut-être serez-vous happés ailleurs dans les prochaines minutes, peut-être pas. Mais le seuil se referme. »

Toute l'Assemblée des crânes paraissait tantôt endolorie, tantôt ravivée.

Jens Tobler éleva la voix, visiblement soulagé :

— Enfin une bonne nouvelle ! J'ai hâte d'entendre autre chose que ces échos de souffrances, de fierté blessée, de revanche sourde. Ce que vous êtes en train de devenir…

— Tu n'étais visiblement jamais vraiment préoccupé des inquiétudes de tes contemporains, Jens Tobler, répliqua Hans Bauer. Autrement, tu comprendrais que nous tentons de saisir notre chance.

— Une chance ? demanda sèchement Mvondo. Une chance pour quoi exactement ?

— Une chance de trouver le chemin, répondit une voix jusqu'alors inconnue. Celui qui mène au-delà de l'entre-deux des mondes. Là où la mémoire n'est plus douleur, mais lien.

— Pour nous, tout peut très simplement se régler, observa Onambele Nkou avec une sérénité trompeuse. Il suffirait qu'on nous enterre. Nos ancêtres viendront. Ils sauront nous retrouver avant le dernier battement de l'*Essani*, ce rite funéraire des peuples de la forêt.

Le chant des vivants suffit, tant qu'il nous rend à la terre — là-bas, au *Pays des Crevettes*, là où nos os ont un sol.

— Après une si brillante carrière dans les musées allemands, ce serait une première, en effet, lança Jens Tobler, sarcastique.

De l'étagère la plus haute, une autre voix anonyme s'éleva, vive et tranchante :

— Les Français ont rendu les restes de Sarah Baartman — celle qu'ils appelaient « la Vénus Hottentote » — exhibée comme un monstre durant toute sa vie — à l'Afrique du Sud. C'était en 2002. Et elle a eu droit aux rites et aux cérémonies mortuaires de ses origines.

— Une veinarde, peut-être… fit la voix mêlée de Gene-Assembe-Azembe.

— Veinarde ? s'étonna Mvondo. C'est un abus de langage. Tu dis ça parce que tu ignores son histoire. Derrière ce surnom flatteur se cache une douleur sans nom. Elle a souffert au-delà de tout.

— Mais elle est rentrée chez elle, glissa Ritter Schulz. Honorée, enfin. N'est-ce pas ce que vous désirez, plus que tout, vous aussi ?

— Et qu'en sera-t-il de ceux qui veulent être enterrés mais ne le seront jamais ? demanda Onambele Nkou, laissant affleurer son doute.

Dois-je encore hanter ce crâne pendant deux siècles ? Je ne veux plus attendre.

N'y a-t-il pas de chemin pour ceux qui ne peuvent être retournés à la terre de leurs origines ?

— Il n'y a pas de solutions définitives, répondit doucement Anicka Merkel. Juste des alternatives. Des chemins à examiner, à choisir.

— Ne me dis pas, Onambele Nkou, lança Mvondo d'un ton cinglant, que toi aussi tu rêves déjà des Champs Élysées, de l'Érèbe ou du Tartare… Ces lieux ne seront jamais les nôtres. Tu n'y croiseras aucun de tes ancêtres *Kolo*. Seulement le rejet, le reniement — surtout de toi-même.

— Peut-être…, admit Onambele Nkou. Mais nous n'avons ni les mêmes souvenirs ni les mêmes désirs. Sans certitude ni garantie du retour, je préfère sauter dans l'inconnu plutôt que rester figé.

Je ne peux croire qu'il n'y ait, au fond du vide, qu'une simple cavité de crâne.

— La Capsule, justement, c'est cette autre voie, murmura Anicka Merkel, le regard soudain brillant, comme traversé par une révélation.

Elle semblait saisir une opportunité unique.

— C'est celle que j'ai aimée, autrefois. Elle épouse chaque singularité. Avec elle, plus d'attaches — seulement la vérité. On ne te juge plus sur ce que tu portes, sur ce que tu es ou sur ce que tu as.

Son souffle sembla se perdre dans le vide, au-delà du sous-sol. Puis elle reprit :

— Quand revenir est impossible, il faut avancer, même sans sentier balisé. C'est dans l'attente et la confiance que j'ai vécu mon entre-deux des mondes.

Bientôt, la Capsule viendra. Elle s'ouvrira et mon souffle se fondra enfin dans l'universel.

Un silence. Puis une voix d'un ton indéchiffrable :

— Imaginez que les tiraillements cessent, que vos souffles s'apaisent enfin. Imaginez un lieu sans crainte ni envie.

Un lieu où chacun tient par lui-même, tout en faisant partie du tout. Où chaque atome fusionne avec les autres jusqu'à ne plus faire qu'un.

Avez-vous déjà senti cette plénitude ? Celle qui ne manque de rien parce qu'elle comporte tout.

— Vous parlez simplement des Champs Élysées, des banquets, des honneurs et de tout le faste en moins, observa Ritter Schulz. D'où vient cette imposture que vous appelez la Capsule ? De nouveaux enfers ?

Ou alors… serait-ce cela, le miracle que nous n'avons jamais su nommer ?

Celui qui n'est pas une rédemption, mais un passage…

L'abandon des gloires mortes pour l'étreinte du vrai ?

Son souffle se réchauffa d'une lueur presque surnaturelle.

— J'entends, pour la première fois, non plus la plainte des crânes, mais une promesse… Une vibration neuve qui me traverse.

— Que faut-il faire pour entrer dans la Capsule avec vous, le moment venu ? demanda Onambele Nkou, déterminé. Dites-moi quelles sont vos conditions. Quelles sont vos règles ?

En tout état de cause, avancer, chercher un nouveau chemin, c'est ce qu'il reste à faire quand tout a été perdu.

À cet instant, un spectre se forma au centre de la pièce, accompagné d'un léger bruissement. Les parois semblaient respirer. Le sol vibra.

— Est-ce la Capsule ? murmura une voix.

L'objet suspendu à quelques centimètres du sol avait la forme d'un ovale allongé, d'une soixantaine de centimètres de haut. Ses parois transparentes n'étaient jamais tout à fait claires — oscillant entre translucidité et opalescence — comme si elles réagissaient à la proximité des souffles. Une lumière intérieure circulait, douce et puissante.

À la seule pensée de s'en approcher, les souffles des crânes se ravivèrent. La Capsule se distinguait par son cœur sombre, fin comme une veine d'encre, qui semblait absorber la lumière autour de lui sans jamais entièrement la refléter.

En son centre, profondément enfoui, reposait un noyau doré, irradiant par intermittence, tel un battement.

Chaque crâne le ressentit. Ce n'était pas une simple machine, mais une interface entre les mondes, entre les mémoires et les formes. Ceux qu'elle entraînait ne se « transportaient » pas — ils se transmutaient.

Tous comprirent, dans ce souffle partagé, que les souvenirs lointains cesseraient d'être des fardeaux. Les douleurs se dissolvaient.

D'une voix lente, comme revenue d'un autre âge, Jens Tobler murmura :

— Il fallait que l'un d'entre nous ose… l'amour. Non, pas la haine, ni même la justice des hommes. L'amour comme dernière lumière avant la dissolution.

— Que la Capsule l'entende, répondit Anicka Merkel, sa voix cristalline reliée à l'étrange objet. Que la fusion s'achève.

La vérité n'est plus une direction, mais un état.

Je te reçois, Onambele Nkou — non en maître, non en reine… mais en égal, compagnon de souffle.

Alors le silence s'installa.

Toute attention convergeait vers la Capsule.

Une poussière fine et chaude envahit la salle. Onambele Nkou se mit à scintiller d'un éclat intérieur. Les crânes, un à un, s'éteignirent dans une paix solennelle.

Dans une ultime expiration, le souffle mêlé de Gene-Assembe-Azembe chanta :

— Nous voilà…

Sur le point d'être libres.

Par-delà le plomb, les vitrines, les étiquettes…

Nous avons existé.

Nous avons aimé.

Nous nous sommes aimés.

XIX – ENCORE UN CHAPITRE POUR LES VIVANTS

*D*ans le silence qu'ont laissé les morts, quelque chose
respire encore.
Un écho.
Une entente.
Une promesse.
Le recommencement.
La vie.
Le plus important n'est pas d'être crus,
mais d'être compris.
Car rien ne commence vraiment
tant que persiste la séparation.
Ainsi, tout ce que nous avons dressé —
murs, frontières, langues, noms —
n'était peut-être qu'une manière d'oublier
l'affinité,

plus ancienne que l'amour,
plus discrète que la foi,
plus nécessaire que la justice.
Nous ne sommes pas faits pour nous mesurer,
mais pour nous accorder.
Accordons-nous, non sur la ressemblance,
mais sur le souffle commun.
Dans la chaleur d'un feu
ou la fraîcheur d'une pluie.
Que chaque être reconnaisse l'autre
comme un battement de soi.
Pas besoin de paix imposée,
mais d'affinités retrouvées.
Cesser de vouloir gagner,
c'est consentir à être ensemble.
Car quand tout aura brûlé,
il restera l'affinité,
et avec elle
la possibilité de renaître autrement.
Non plus les uns contre les autres,
mais les uns à travers les autres.
L'humanité n'est pas seulement un corps.
Elle est surtout un accord.
Chère lectrice, cher lecteur,
Les lignes et les pages qui vont suivre sont les tiennes.
Si quelque chose, en toi, a continué de respirer après
ce livre,
tu peux lui laisser ici une trace —
à ta manière.
Trois pages sont volontairement laissées libres.
Elles appartiennent au lecteur.

TABLE